Theodor Fontane

Alle Balladen

dearbooks

Theodor Fontane

Alle Balladen

ISBN/EAN: 9783954559046

Theodor Fontane: »Alle Balladen«. Vorlage: Theodor Fontane: »Gedichte – Ausgabe letzter Hand«, Berlin 1898. Orthografie und Rechtschreibung wurden ohne Änderungen beibehalten.

Auflage: 1

Erscheinungsjahr: 2015

Erscheinungsort: Berlin, Deutschland

dearbooks in Europäischer Literaturverlag GmbH, Beymestr. 13 a, 12167 Berlin.

Printed in Germany

Cover: Hermann Lungkwitz: »Friedhof mit gotischer Kirchenruine«, o. J.

Inhalt

Nordisches

Nordische Königsnamen

»... Da (so heißt es in hochgelahrten Schriften)
Begann das heillose *Beinamen*-stiften;
Statt Zahlen, die klarer doch und reeller,
Kam Auceps, Finkler, Vogelsteller,
Kam Löwe, Rotbart. Und gar nicht lange,
Gab's einen »mit der gebissenen Wange«,
Dazwischen, blasphemisch und wie zum Spott,
Sogar einen Heinrich Jasomirgott.
So ging es in Deutschland. Anderswo
War's, wenn nicht schlimmer, ebenso;
Geschmacklos war die ganze Zeit,
Und die *Dänen* waren die Führer im Streit.
Thyra Dänentrost oder »Danebod«,
Erik Seelensgut oder »Eiegod«,
Erik Hasenfuß oder Laufgeschwind,
Erik Lamm, Erik Pommer, Erik Kind,
Erik Pflugpfennig, Erik Pfaffentort,
Erik Mendved oder Manneswort,
Erik Glipping, der mit den Wimpern glippt,
Erik Kipping, der die Münzen kippt,
Ein Glück, daß der Eriks nicht mehr gewesen,
Wir würden sonst noch viel Schlimmeres lesen.«

So die Hochgelahrten, die Weisen und Alten.
Ich kann es für so schlimm nicht halten,
Geschicht' und Dichtkunst sind zweierlei Zünfte,
Mir gefällt nicht der »Erste«, der »Dritte«, der »Fünfte«,
Zahlen und wieder Zahlen bloß
Scheinen mir tot und charakterlos.
Ragnar Pechhos' und Iwar Klaftergriff

Haben schon andern Schneid und Schliff,
Harald Blauzahn und Rolf Krake der Zwerg
Helfen schon anders über den Berg,
Swend Gabel- und Hakon Borkenbart,
Das sind Namen nach meiner Art,
Fleckauge, Schönhaar, Sigurd Ring,
Alles schon ein ander Ding,
Gorm Grymme, Frede Harde-Schnut,
Olaf Hunger vor allem gefällt mir gut,
Und zum letzten: Olaf Kragebeen –
Tretet vor und verneigt euch und laßt euch sehn.

Hakon Borkenbart

(Fragment)

Der König Hakon Borkenbart
Hat Roß und Ruhm, hat Waff' und Wehr
Und hat allzeit zu Krieg und Fahrt
Viel hohe Schiff' auf hohem Meer;
Es prangt sein Feld in Garben,
Er aber prangt in Narben,
In Narben von den Dänen her.
Es wallt im Wind sein graues Haar,
Er liebt die Schlacht und liebt den Wein,
Doch nie, trotz seiner siebzig Jahr,
Ward ihm zu Sinn, als müss' er frein;
Heut zieht er aus in Sorgen:
Er liebt Schön-Ingeborgen,
Des Königs Sala Töchterlein.

Schon grüßt ihn fern so Turm wie Schloß,
Und lächelnd plötzlich blickt er drein;
Er spricht herab von seinem Roß:
»Und bin ich alt, so mag ich's sein!
Und wär' ich alt zum Sterben,
Auch Ruhm und Narben werben,
Und werben gut wie Jugendschein.«

Gorm Grymme

König Gorm herrscht über Dänemark,
Er herrscht die dreißig Jahr,
Sein Sinn ist fest, seine Hand ist stark,
Weiß worden ist nur sein Haar,
Weiß worden sind nur seine buschigen Brau'n,
Die machten manchen stumm,
In Grimme liebt er drein zu schaun, -
Gorm Grymme heißt er drum.

Und die Jarls kamen zum Feste des Jul,
Gorm Grymme sitzt im Saal,
Und neben ihm sitzt, auf beinernem Stuhl,
Thyra Danebod, sein Gemahl;
Sie reichen einander still die Hand
Und blicken sich an zugleich,
Ein Lächeln in beider Auge stand -
Gorm Grymme, was macht dich so weich?

Den Saal hinunter, in offner Hall',
Da fliegt es wie Locken im Wind,
Jung-Harald spielt mit dem Federball,
Jung-Harald, ihr einziges Kind,
Sein Wuchs ist schlank, blond ist sein Haar,
Blau-golden ist sein Kleid,
Jung-Harald ist heut fünfzehn Jahr,
Und sie lieben ihn allbeid'.

Sie lieben ihn beid'; eine Ahnung bang
Kommt über die Königin,
Gorm Grymme aber den Saal entlang
Auf Jung-Harald deutet er hin,
Und er hebt sich zum Sprechen - sein Mantel rot
Gleitet nieder auf den Grund:
»Wer je mir spräche ›er ist tot‹,
Der müßte sterben zur Stund'!«
Und Monde gehn. Es schmolz der Schnee,

Der Sommer kam zu Gast,
Dreihundert Schiffe fahren in See,
Jung-Harald steht am Mast,
Er steht am Mast, er singt ein Lied,
Bis sich's im Winde brach,
Das letzte Segel, es schwand, es schied -
Gorm Grymme schaut ihm nach.

Und wieder Monde. Grau-Herbstestag
Liegt über Sund und Meer,
Drei Schiffe mit mattem Ruderschlag
Rudern heimwärts drüber her;
Schwarz hängen die Wimpel; auf Brömsebro-Moor
Jung-Harald liegt im Blut -
Wer bringt die Kunde vor Königs Ohr?
Keiner hat den Mut.

Thyra Danebod schreitet hinab an den Strand,
Sie hatte die Segel gesehn;
Sie spricht: »Und bangt sich euer Mund,
Ich meld' ihm, was geschehn.«
Ab legt sie ihr rotes Korallengeschmeid'
Und die Gemme von Opal,
Sie kleidet sich in ein schwarzes Kleid
Und tritt in Hall' und Saal.

In Hall' und Saal. An Pfeiler und Wand
Goldteppiche ziehen sich hin,
Schwarze Teppiche nun mit eigener Hand
Hängt drüber die Königin,
Und sie zündet zwölf Kerzen, ihr flackernd Licht,
Es gab einen trüben Schein,
Und sie legt ein Gewebe, schwarz und dicht,
Auf den Stuhl von Elfenbein.

Ein tritt Gorm Grymme. Es zittert sein Gang,
Er schreitet wie im Traum,
Er starrt die schwarze Hall' entlang,

Die Lichter, er sieht sie kaum,
Er spricht: »Es weht wie Schwüle hier,
Ich will an Meer und Strand,
Reich meinen rot-goldenen Mantel mir
Und reiche mir deine Hand.«

Sie gab ihm um einen Mantel dicht,
Der war nicht golden, nicht rot,
Gorm Grymme sprach: »Was niemand spricht,
Ich sprech' es: er ist tot.«
Er setzte sich nieder, wo er stand,
Ein Windstoß fuhr durchs Haus,
Die Königin hielt des Königs Hand,
Die Lichter loschen aus.

Harald Harfager

Da sprach König Harald (Harfager zubenannt):
»Wißt, ich habe Boten an Rynhild ausgesandt,
An Rynhild, Blaatands Tochter. Und ziehet sie morgen ein,
Unter meinen Frauen allen soll fortan auch Rynhilde sein.«
Sprach es König Harald. Und auf und ab im Saal
Im Schlosse zu Drammen saßen die Großen allzumal,
Und dazwischen in lachender Jugend und wie Kinder anzuschaun
Saßen blond und stolz und glücklich Harald Harfagers neunundzwanzig Fraun.
Und als der König gesprochen, alles flüsterte leis,
Aber plötzlich schwieg das Flüstern, Olaf Thureson trat in den Kreis.
Olaf Thureson, Haralds Bote. Vor den König tritt er und spricht:
»Ich bringe Rynhilds Antwort, Rynhilden aber bring' ich *nicht*.
In der Marmorhalle zu Roskild', meine Botschaft zu hören bereit,
Stand sie, Korallen im Goldhaar, an König Blaatands Seit',
Längst war ihr Kunde gekommen, um wessentwill' ich kam,
Und sie lachte, dieweil sie die Spange wie spielend von ihrem Arme nahm.
König Harald ist Herr über Norweg, über Norwegs Frauen auch,
Aber euer Brauch in Drammen ist nicht in Roskilde Brauch,
Und liebt' ich ihn, wie ich ihn hasse, meine Liebe hätte nicht Eil',
Ein ganzes Herz will Rynhilde, nicht eines Herzens dreißigsten Teil.«
Olaf Thureson sprach's. Wie Freude zuckt's um die Lippe der Fraun,
Aber rot auf Haralds Stirne war das Zornesmal zu schaun,
Er rief: »Und wirken nicht Worte, so wirke denn das Schwert,
Noch nie hat König Harald ein Königskind umsonst begehrt.«
Und er stieg hinab zum Strande. Segelfertig Schiff um Schiff;
Am ersten Tage vorüber an Skagens Horn und Riff,
Am zweiten: Nebel und Windstill', alle Segel schlaff und matt,
Aber sieh, mit Ruderschlage geht es süderwärts in das Kattegatt.
Und am dritten Tag ein Windstoß und zerrissen die Nebelschlei'r,
Und am blauen Himmel die Sonne. »Die Sonne, die schickt uns Frej'r.
Frej'r will den Weg uns zeigen.« Und mit Waffenklirrn an Bord
Und bei Kriegshörnerblasen läuft Harald ein in Roskilde-Fjord.
Hoch oben aber am Saaltor, auf der Treppe von Roskild',
In Ruhe steht König Blaatand und neben ihm Rynhild',
Und sie zählen die Nordlandsschiffe, hundert Segel fast –

Am Bug steht König Harald. Kriegswimpel flattern hoch am Mast.
»Krieg bringt er!« Aber plötzlich ... welch' Wunder, das Wandel schuf,
Es schweigt das Waffenklirren, und es schweigt der Schlachtenruf,
Es schweigt der Hörner Blasen - nur Zimbeln und Schalmein:
»Harald kommt nicht, um zu fechten, Harald kommt, um minniglich zu frein.«
Und sieh, hinan die Stufen steigt er und beugt sein Knie:
»König Blaatand, deine Tochter, in Demut werb' ich um sie,
Meinen Stolz hat sie bezwungen. Und meiner Krone Glanz,
Ich will ihn *teilen* mit Rynhild. Aber mein Herze hat sie *ganz*.«

Olaf Kragebeen

Olaf *Kragebeen* blickt auf Land und See:
»Stawanger-Fjord liegt noch im Schnee,
Schnee die Felsen und Schnee die Bucht,
Und doch ist der Winter schon auf der Flucht,
Von Westen weht's - einen Frühlingston,
Ich fühl' ihn in Luft und Sonne schon,
Und das Meer ein Spiegel ... Steig' ich zu Schiff?
Überrasch' ich den Feind auf Kongens-Kliff?
Ihr, meine Räte zu Land und See,
Schreibt euren Rat mir in den Schnee,
Laßt mich eure Zeichen erspähn,
Ihr, meine Weisen, ihr meine *Krähn.*«

Und kaum gerufen, so sind sie da,
Setzen sich um ihn, fern und nah,
Aber was er auch lockend tu',
Keine, keine hüpft auf ihn zu,
Wenden sich all, ihrer Füße Spur,
Abgewandt, rückwärts führt sie nur,
Rückwärts hüpfen sie Schritt um Schritt:
»Krähen, nehmt ihr das Glück mir mit?«

Und als er so sprach und als er so sann,
Erik Jarl, sein Freund, tritt an ihn heran:
»König Olaf, der Däne spielt um sein Glück,
Im Öresund hielt's ihn nicht länger zurück,
Aus der Kjöge Bucht, aus dem Wassersack,
Ist er hinaus ins Skager-Rak,
Hundert Schiffe führt er, zehnhundert an Bord -
Auf, Olaf, auf, aus Stavanger-Fjord!«

Und der König steigt hinab an das Meer,
Seine Krähen kreischen um ihn her,
Er hört nicht mehr ihr schrill Geschrei.
»Erik Jarl«, so spricht er, »*du* bist mit dabei,
Du folgst. Ich führe den ersten Stoß,

Und wankt der Däne, so brichst du los,
Ihr letztes Schiff, es muß in den Grund,
Nichts darf heim in den Öresund.«

Sprach es. Und als den Feind er sah,
In goldener Rüstung stand er da;
Zu Füßen ihm, des Reiches Stolz,
Lag der Runenbogen aus Eschenholz,
Der stärkste Bogen in Norderland,
Keiner spannt ihn, nur Olafs Hand.

Und in des Feindes gedoppelte Reihn
Olaf Kragebeen fährt jetzt mitten hinein,
Erik Jarl, wohl folgt er - doch nicht zum Stoß,
Zum vernichtenden, löst er von Olaf sich los,
Neben dem Feinde legt er bei:
»*Das* also, Krähen, war euer Geschrei.
Verrat und durch *ihn*! Aber sei's ... Wohlan,
Der Däne galt nichts, *jetzt* erst hebt's an,
Norweg gegen Norweg. Erik Jarl, wirf gut,
Laß sehn, wer die besten Würfe tut.«

Und er nahm den Bogen, als wär' es ein Spiel,
Auf seine Rüstung die Sonne fiel,
Er spannte den Bogen mit aller Kraft,
Klirrend zerbrach der Eschenschaft,
Und hüben und drüben klang es zugleich:
»Zerbrochen der Bogen, zerbrochen das Reich.«

Olaf Kragebeen aber, des Schiffes Mast
Hält sein Arm nicht länger umfaßt,
Er schreitet bis zu des Schiffes Bug,
Statt der Krähen umschwirrt ihn ein Möwenzug,
Immer dichter flattert es um ihn her:
»Weiße Wogenkinder, euch sendet das *Meer*,
Es ruft mich - mein Glück einst, nun mein Grab.«
Und in goldener Rüstung stieg er hinab.

Swend Gabelbart

Swend *Gabelbart*, über Sund und Belt
Er siegreich das Zepter von Dänemark hält,
Seine Schiffe von Insel zu Insel ziehn,
Unterworfen ist Wendland und Julin,
Und nun gen Westen, über das Meer
Jagt er, der Schrecken vor ihm her,
In die Themsemündung fährt er ein,
Ganz London ist ein Feuerschein.
Und nun zu Roß und nun zu Hauf
Essex und Norfolk zieht er hinauf,
Und mit Zechgenossen und Kumpanei
Reitet er ein in Sankt Edmunds-Abtei.

Da sitzen sie nun die Hall' entlang,
Aus der Kirche klingt frommer Mönche Gesang.
»Was soll das Geplärr uns?« Und in die Kapell'n
Swend Gabelbart läßt seinen Marstall er stell'n,
Er mag sie nicht hören, die Litanein,
(Lärm und Gewieher, so soll es sein),
In der Rosse Gestampf erlischt der Chor,
Swend aber lacht: »*Die* tun's euch zuvor!
Schüttet Hafer auf Sankt Edmunds Truh,
Er selber nickt euch den Segen dazu.«

Sankt Edmund, an schwarz-goldener Wand,
Hall' aufwärts in seiner Nische stand.
Einst war er König. Ein mattes Licht
Umspielt ihn flackernd; Swend aber spricht:
»Sankt Edmund, du schufst hier Kirch' und Abtei,
Dein Land, es ging verloren dabei,
Nun stehst du da, trägst mönchisch Gewand,
Hältst wie zum Spott ein Schwert in der Hand,
Ein *zerbrochen* Schwert, wenn recht ich seh'.
Und doch, o König, warst König du je,
Du tätest jetzt ab deine Todesruh
Und kämst als ein Rächer auf mich zu,

Und ob zerbrochen auch dein Schwert,
Es wäre dir doch des Kampfes wert,
Aus dieser Hall' hier, aus diesem Haus,
Auch mit *stumpfem* Schwerte triebst du mich aus.
Nie warst du König. Trotz Reif und Kron',
Ein Mönchsbild warst du bei Lebzeit schon.«

Swend Gabelbart schwieg. Im Kreise rundum
Ward es so still und ward es so stumm,
In der Nische das Licht immer düsterer brennt.
Da steigt es herab vom Postament,
Und tapp und tapp, in steinerem Schuh
Auf Swend Gabelbart schreitet Sankt Edmund zu,
Vor streckt er sein zerbrochen Schwert:
»Nun, Swend, laß sehn, wer besser bewehrt.«
Aus des Königs Aug' ein Entsetzen spricht,
Er schlägt nach dem Schwert, *sein* Schwert zerbricht,
Das stumpfe Schwert, es traf ihn gut,
Swend Gabelbart liegt in seinem Blut.
Näher klingt der Mönche Gesang –
Sie tragen den Toten die Hall' entlang.

Waldemar Atterdag

Und *Waldemar* (König Christophers Sohn),
Im Dome zu Ringstedt nahm er die Kron',
Nun führt er die Herrschaft mit kluger Hand
Über Dänemark-Meer und Dänemark-Land,
Nie faßt ihn Jähzorn, nie treibt ihn Eil',
»Erst wägen, dann wagen« ... »Eile mit Weil'.«
Und ob es zur Tat ihn auch drängen mag,
Auf den *andern* Tag schiebt er's: »Atterdag.«

Und er fährt gen Jütland. Auf Schloß Aarhuus
Harrt er auf Huldigung und Gruß,
Auf Gruß des Adels. Der hält sich zurück;
Einer nur sprengt über die Brück':
»Um Gott, König Waldemar, auf und flieh,
In hellen Haufen kommen sie,
Sie zürnen dir schwer, weil du zubestimmst
Dem Bauer all das, was dem Adel du nimmst,
Sehstedt führt sie; von Viborg her
Kommen dreihundert oder mehr.
In den Sattel, König, und flieh und jag'
Hin über die Heide.« ... »Atterdag.«

Und ein Jahr und ein Tag, und auf Schloß Helsingör
Im Landsthing sitzt er und gibt Gehör;
Um ihn her seine Räte; da stürmt in den Saal
Erik Swensen, sein erster Admiral.
»Eile dich, König. Zu dieser Stund'
Fahren die Lübischen in den Sund,
Zwischen Insel Amak und Insel Hveen
Sind siebenundzwanzig Segel zu sehn,
An der Spitze die ›Seekuh‹, ihr bestes Schiff,
Greif zu, wie dein Vater einst sie griff.
Sie kommen wie Räuber. Nach Gut und Blut
Dürsten sie. Zertritt ihre Brut,
Vernichte sie mit einem Schlag.«
»Erst wägen, dann wagen ... Atterdag.«

Und wieder ein Jahr, und auf Schloß Wordingborg
In Stille sitzt er und doch in Sorg',
In Sorg' um Heilwig. Auf seinem Sinn
Lastet die schöne Königin.
Es heißt, sie sei krank, ohne Schlaf ihre Ruh,
Aber ein Kämmerling flüstert ihm zu:
»Der Königin Krankheit ist Lug, ist Schein,
Sten Sture geht lachend aus und ein,
Er ist noch ein Knabe, noch halb ein Kind,
Das lieben die Frauen, wie Frauen sind.
Auf, Waldemar, stör ihre Lust, ihre List,
Zeige, daß du der König bist,
Überrasche Schön-Heilwig, erforsche sie, frag.«
»Es würde sie töten ... Atterdag.«

Und die Jahre gehn, und in Roskild-Abtei
Todkrank liegt Waldemar, Gott steh' ihm bei,
Sein Blick ist erloschen, fahl sein Gesicht,
Erzbischof Ansgar aber spricht:
»Alle Sünde, die dich quält und brennt,
Es löscht sie Beicht' und Sakrament,
Und willst du dein Gewissen still'n,
Hier bin ich, sprich deinen letzten Will'n,
Unsre Kirch' ist arm, wer sie speist und tränkt,
Des auch die Kirch' in Liebe gedenkt.
Dein Spruch war immer: ›Eile mit Weil‹,
Aber jetzt eilt es mit deinem Heil,
Säen ist ernten und Opfer Ertrag;
Säe, König.«
»Atterdag.«

Admiral Herluf Trolles Begräbnis

»Herluf Trolle fiel. Der Tod trat ihn an,
An Bord, auf der Höhe von Pommern,
Wir hatten keinen beßren Mann,
Keinen Tapferern, keinen Frommern.«

Und am dritten Tage, die Flagge halbmast,
Bei Nestved, an Seelands Küste,
Landeten sie die geliebte Last –
Der Tag ging eben zu Rüste.

Landeten ihren Admiral,
Und in ein Bahrtuch geschlagen,
Haben sie, rastend ein einzig Mal,
Ihn bis Herlufsholm getragen.

Einen Boten sandten sie meldend voraus –
Und als in den Schloßhof sie schritten,
Die Witwe stand vor dem Trauerhaus
In ihrer Frauen Mitten.

Am Eingange stand sie, grüßte den Zug,
Aufrecht und ungebrochen.
Und der Erste (der das Bahrtuch trug)
Trat vor und hat gesprochen:

»Was geschehen, wir sandten die Meldung dir,
Eh' den Weg wir selber gingen,
Seine Seel' ist frei, seine Hüll' ist hier,
Du weißt, wen wir dir bringen.

An der pommerschen Küste, vor Pudagla-Golm,
Um den schwankenden Sieg uns zu retten,
So fiel er. Nun, Herrin von Herlufsholm,
Sage, wohin wir ihn betten.

Betten wir ihn in den Totensaal
Von Thorslund oder Olafskirche?
Betten wir ihn in Gjeddesdal
Unter der Trauerbirke?

Betten wir ihn in die Kryptkapell'n,
In Roskilde, Leire, Ringstede?
Sage, Herrin, wohin wir ihn stell'n,
Eine Ruhestätt' für ihn hat jede.

Jeder Kirche gab er, um was sie bat,
Altäre, Türme, Glocken,
Und jede, wenn sie hört, ›er naht‹,
Wird in Leide frohlocken.

Eine jede ladet ihn zu sich ein
In ihrer Pfeiler Schatten.«
Da sprach seine Witwe: »*Hier* soll es sein,
Hier wollen wir ihn bestatten.

Wohl hat er hier keine Kirche gebaut
– Die stand schon hundert Jahre –
Hier aber, als Herluf Trolles Braut
Stand ich mit ihm vorm Altare.

Vor demselben Altar, auf selbem Stein
Steh' er wieder in aller Stille,
Nichts soll dabei gesprochen sein
Als: Herr, es geschehe dein Wille.

Morgen aber, eh' noch der Tag erstand,
In seinen Kirchen allen,
Weit über die See, weit über das Land
Soll'n alle Glocken erschallen.

Und zittert himmelan die Luft,
Als ob Schlachtendonner rolle,

Dann in die Herlufsholmer Gruft
Senken wir *Herluf Trolle.*«

Der Wettersee

Die Sonne sinkt in den Wettersee;
Da steigt – mit dem Neck und der Wasserfee –
Von Gold und Rubin, aus des Sees Gruft,
Ein Schloß an die abendgerötete Luft.

Der Mond geht auf und es blassen Rubin
Und Gold zu Silber und Aquamarin,
Und hervor aus dem Schloß und hinaus zum Tanz
Lockt die Nixen der Mondesglanz.

Teichrosen flechten sie, draußen im Saal,
Um Stirn und Nacken sich allzumal,
Als bangte jede, des Mondes Licht
Selbst könne bräunen ihr Angesicht.

Dann schlingen sie Tänze, dann tönt ihr Gesang,
Zu Neckens melodischem Saitenklang,
Bis blasser das scheidende Mondlicht blinkt
Und Schloß und Neck und Nixe versinkt.

Nun baut ihren finstern Palast die Nacht,
Da heult es im Walde, da knickt es und kracht –
Ihren Renner, zottig und grau,
Reitet zur Tränke die Heidefrau.

Ihr Roß ist ein Wolf, schnell wie der Wind,
Blindschleichen die Zügel des Renners sind,
Eine Natter ist Peitsche, ein Igel ist Sporn,
So jagt sie herbei durch Dickicht und Dorn.

Wetteifernd funkelt das Katzengrau
Der Augen von Wolf und Heidefrau,
Man sieht, bei solchem Blitzen und Sprühn,
Die lechzende Zunge des Wolfes glühn.

Er trinkt aus dem See, dann lenkt er den Schritt,
Und am Ufer entlang geht der nächtliche Ritt,
Bis früh am Morgen, statt Neck und Fee,
Fischer durchfurchen den Wettersee.

Der Wenersee

Mit dem Meergott kämpften heißer die Giganten einst denn je;
Siegreich, aus des Nordmeers Armen, rissen sie den Wenersee,
Bauten, zwischen Sohn und Vater, einen länderbreiten Damm,
Stellten vor das Tor, als Wächter, einen ganzen Felsenkamm.
Oft erfaßt den See ein Zittern tiefer Sehnsucht, und er lauscht,
Wenn's wie fernes Meeresbrausen in den Tannengipfeln rauscht,
Beim Geheul der Wölfe wähnt er, daß die Windsbraut nahe sei,
Und im heisren Lied des Hähers hört er nur der Möwe Schrei.
Frühling wird's, und dreißig Ströme zahlen plötzlich ihm Tribut,
Dreißig Ströme, die sonst meerwärts niederstürzten ihre Flut,
Mit der Wasser Steigen steigt auch das Gefühl ihm seiner Kraft,
Und dem Freiheitsdrang gesellt sich jetzt der Zorn ob seiner Haft.
Hoch schon überragt der Spiegel seiner Flut den Riesendamm,
Zwischen ihm und seiner Heimat hebt sich nur der Felsenkamm,
Da, in siegessichrem Mute, ruft er: »Vater, meine Hand
Streck' ich dir noch heut entgegen durch das felsbewachte Land.«
Und der dreißig Ströme jeden schleudert er als Wurfgeschoß
Auf den Wächter und zertrümmert Haupt und Glieder dem Koloß,
Den gewalt'gen Rumpf des Felsens überschäumt sein Wasserschwall,
Und zum ersten Mal zur Tiefe donnert der Trolhätta- Fall.
In dem Riesendamme wühlt er sich mit leichter Müh' ein Bett,
Und das Meer kommt ihm entgegen, und sie graben um die Wett',
Jauchzend reichen Sohn und Vater zum Willkommen sich die Hand,
Felsenglieder, wie Trophäen, decken rings umher das Land.

Gulbrandsdal

Die Felsen sind steil, die Schlucht ist schmal,
Der Snöhättan blickt auf Gulbrandsdal.

Und weht es im Sommer heiß und schwül,
So halten die Felsen den Talgrund kühl,
Und starrt es im Winter hoch oben von Eis,
So sprudeln unten die Quellen heiß,
Herbststürme ziehen drüber hin,
Nur Frühling und Friede wohnen darin,
Kein Fieber schleicht, keine Krankheit geht um,
»Tal des Lebens« heißt es drum.

Und die Menschen im Tal verlassen es nie,
Zu hohen Jahren kommen sie,
Keine Last, keine Sorge beugt ihre Gestalt,
Sie werden weiß, aber sie werden nicht alt.

Und drei Lebelang sehen dem Leben sie zu,
Da sind sie müd' und verlangen nach Ruh',
Und sie rufen den Tod, der aber spricht:
»*Ihr* müßt kommen, *ich* komme nicht.«

Und sie steigen hinauf. Und zum ersten Mal,
Um zu *sterben*, lassen sie Gulbrandsdal.

Englisch-Schottisches

Hastingsfeld

14. Oktober 1066

(Nach dem Altenglischen)

König Harald, Boten sandt' er aus
An die Küste, die sollten erkunden,
Ob Herzog Wilhelm und sein Heer
Den Weg übers Meer gefunden.

Und am dritten Tag, der Nebel lag
Übers Land in breiten Schichten,
Da waren die Boten wieder daheim,
Und der eine begann zu berichten:

»Die Klippe von *Hastings*, wohl war sie steil,
Und das Meer, wohl hat es gebrandet,
Vergebens die Brandung, vergebens der Stein,
Herzog Wilhelm ist gelandet.

Seine Rüstung ist wie von Silber und Gold,
Sein Antlitz ist wie von Eisen,
Aber sein Heer, dem schlottern die Knie,
Das wird fliehn und den Rücken uns weisen.

Seine Ritter sehn hohl und hager drein,
Wie in mönchisch Grübeln verloren,
Sie haben nicht Kinn- und nicht Backenbart,
Sind alle geschabt und geschoren.[1]

[1] They were all shaven and shorn.

Im ganzen Normannenlager gibt's
Nur Beten und Messesingen,
Das ganze Heer ist ein Priesterheer,
Und du wirst es im Spiele bezwingen.«

König Harald aber, er sah vor sich hin,
In finstres Sinnen verloren,
Dann sprach er: »Ich weiß, sie fechten wie wir,
Obwohl sie *geschabt und geschoren*.«

Von der schönen Rosamunde

(Romanzen-Zyklus)

Rosamunda - Rosa mundi
(Rosamundes Grabschrift)

1. Wie König Heinrich Rosamunden findet

Der König Heinrich jagt im Wald
Mit Hof- und Jagdgesinde,
Es führt sein Ritt ihn alsobald
Auf eine weiße Hinde;
Und nach, durch Ginster und durch Porst,
Spornt er sein Roß, bis tiefer Forst
Das Tier in Schutz genommen.

Des Weges bar, durch Strauch und Dorn
Lenkt Heinrich jetzt den Schecken
Und ruft Hallo und stößt ins Horn,
Um Gegengruß zu wecken;
Wohl hört er, wie das Birkhuhn schwirrt,
Wie über ihm die Taube girrt,
Doch nichts von Hornesklängen.

Der Tag ist heiß. Es weht kein Hauch,
Und Roß und Reiter dürsten,
Kein Quell ist da, kein Brombeerstrauch
Beut seine Frucht dem Fürsten;
Der denkt wohl: »Wenn ich Wasser hätt',
So wahr ich ein Plantagenet,
Ich wög' es auf mit Golde.«

Da schnaubt sein Scheck, und noch einmal,
Wie wenn er Obdach wittert -
Und sieh, ein Schloß im Sonnenstrahl
Hell durch die Zweige zittert.
Schon halten Roß und Mann davor,

Und gastlich öffnet sich das Tor
Dem ungekannten Ritter.

Und in die Hall' voll Waffenprunk
Ist Heinrich jetzt getreten
Und hat um Wasser, einen Trunk,
Den Graubart drin gebeten;
Der aber spricht: »An Cliffords Schwell'
Labt man den Gast mit andrem Quell -
Schaff' Wein uns, Rosamunde!«

Und alsobald die junge Maid
Ergreift die güldnen Kannen,
Sie grüßt den Gast in Sittsamkeit
Und schwebet leicht von dannen;
Ihr Haar ist blond, ihr Wuchs ist schlank,
Und Heinrich weiß der Irrfahrt Dank
Um solchen Findens willen.

Und jetzund wieder in den Saal
Tritt sie nach kurzem Gange,
Rot glüht der Wein im Goldpokal,
Und rot glüht ihre Wange;
Sie beut den Trunk mit Sitten dar,
Dem König aber wird fürwahr,
Als hätt' er schon getrunken.

Und als er trinkt, da trinkt er nicht
Mit Lippe nur und Kehle,
Da trinkt sein Aug' ihr Angesicht
In seine tiefste Seele;
Und eh' die Maid sich abgewandt,
Ergreift er ihre weiße Hand,
Zum Danke sie zu küssen.

Da schau, von Simses Stuck und Kalk,
Gespornt an jedem Hacken,
Schießt Rosamundens Edelfalk

Auf seiner Herrin Nacken;
Er bläht sich auf in Tück' und Trutz
Und hebt den Sporn zu Schirm und Schutz,
Voll Eifersucht im Herzen.

Doch ob er zürnt und ob er wetzt,
Den Kühnen zu verjagen -
Die Hand, sein Todfeind küßt sie jetzt
Trotz seiner Flügel Schlagen;
Schön Rosamunde schenkt ihm ein,
Und selig blickt der König drein,
Wie nie in seinem Leben.

Und auch dem Alten wird so warm,
An hebt ein tapfres Zechen,
Es zuckt ihm schier durch Herz und Arm,
Als sollt' er Lanzen brechen,
Den Goldpokal, er stampft ihn auf,
Als wär's ein alter Degenknauf,
Und Blut statt Wein im Becher.

Der König schaut's und lohnt ihm drauf
Mit festlichen Turnieren,
Und gibt noch Schlachten in den Kauf
Mit Schotten und mit Iren;
Und wie so Strauß an Strauß sich drängt,
Da wohl an jedem Worte hängt
Die schöne Rosamunde.

Der alte Clifford aber längst
Den Becher still umkrampfte,
Er hört's nicht mehr, wie Heinrichs Hengst
Den Douglas einst zerstampfte;
Wohl aber, als der König schweigt,
Murrt er, sein Haupt in Gram geneigt:
»Daß einen Sohn ich hätte!«

Da auf vom Sitze springt sein Gast
Und ruft: »Der ist gefunden!
Gib mir das Kleinod, das du hast,
Die Hand von Rosamunden!
Zu gutem Schwert und gutem Roß
Ein junges Herz und altes Schloß,
Das ist es, was ich biete.«

Der Alte sieht sein Kind erglühn
Vor Scham und Freud' im Bunde;
Er weiß, wenn so die Rosen blühn,
Ward's Lenz im tiefsten Grunde.
So spricht er denn: »Mein Kind sei dein,
Und morgen soll die Hochzeit sein –
Wir brauchen keine Gäste!«

2. Wie König Heinrich Rosamunden gen Woodstock führt

Am dritten Tag, vor Cliffords Schloß
In abendlicher Stunde,
Hebt König Heinrich auf sein Roß
Die schöne Rosamunde.
Vom Priester gestern ward die Braut
Dem Ritter *Woodstock* angetraut –
So nannte sich der König.

Sie reiten in die Nacht hinein
Durch Tannenwald und Eichen,
Noch vor des Frührots erstem Schein
Schloß Woodstock zu erreichen.
Im Laube spielt des Mondes Licht –
Sie schaun sich still ins Angesicht,
Und haben keine Worte.

Es regt sich nichts, nicht Blatt, nicht Ast,
Kein Ton von Nachtigallen,
Es glaubt das Ohr, es höre fast
Die Mondesstrahlen fallen;
So klar-durchsichtig ist die Luft,

Man sieht der Nachtviole Duft
Wie Wölkchen aufwärts steigen.

Der Wald, im Silberglanze, weckt
Des jungen Weibes Bangen,
Die Zweige hat er ausgestreckt,
Als wollt' er sie umfangen.
Sie denkt an manche alte Mär',
Und, ob im Zauberwald sie wär',
Wohl zuckt's durch ihre Seele.

Doch bald an Heinrichs Brust, so warm,
Wird bar sie jeden Kummers,
Und zwiefach ruht sie jetzt im Arm
Des Gatten und des Schlummers;
Mit Schleiern deckt der Mond sie zu,
Und Heinrich wacht ob ihrer Ruh,
Als gält' es seine Krone.

Sie träumt, und mit dem Rot der Scham
Schmückt ihr der Traum die Wangen,
Bis plötzlich, schneller als es kam,
Das Rot dahingegangen.
Sie zittert, windet sich und ringt,
Und aus der tiefsten Seele dringt
Es bang, wie Schrei des Todes.

Auf fährt sie jäh und starrt zur Seit',
Wie fremd auf ihren Gatten,
Bis vor der lichten Wirklichkeit
Entfliehn die Traumesschatten;
In Heinrichs Aug' ein selig Schaun
Löst bald ihr Bangen all und Graun
In Tränen auf und Lächeln.

»Mir träumte - spricht sie jetzt - ich ging
Im Walde Beeren naschen,
Auf flog ein bunter Schmetterling,

Dem folgt' ich, ihn zu haschen;
Mir war so froh, so leicht zu Sinn,
Ich lief nicht mehr, ich flog dahin,
Von Duft und Klang getragen.

Da plötzlich vor mir standest du,
Geschmückt mit goldner Spange,
Und neben dir, in satter Ruh,
Lag glitzernd eine Schlange;
Du schautest ängstlich, ob sie schlief,
Und sprachst dann leis: ›Ihr Schlaf ist tief –
O komm, daß ich dich küsse!‹

Noch hing, an Leib und Seele frisch,
Ich fest an deinem Munde,
Da hob, aufbäumend mit Gezisch,
Die Schlange sich vom Grunde;
Ihr Haupt glich einem bösen Weib,
Sie schlang um mich den Schuppenleib
Und drückte mich zu Tode.«

Wohl füllten sie mit Angst und Scheu
Des Bilds Erinnerungen,
Und als sie schweigt, da hält aufs neu
Den Gatten sie umschlungen;
Sie küßt ihn heiß, mit Allgewalt,
Doch Heinrichs Kuß ist eiseskalt,
Und seine Lippe zittert.

Und erst als Cliffords schönes Kind
Ihn wie aus Traum gerüttelt,
Da spricht er: »Laß, der Morgenwind
War's, der mich kalt durchschüttelt;
Doch schau, die Sonne kommt herauf,
Und dort das Schloß mit Turm und Knauf
Ist Woodstocks alt Gemäuer.«

3. Von der Königin Leonore

Des König Heinrichs Königin,
Die böse Leonore,
Sie starrt in finstrem Sinnen hin
Auf Towers Hof und Tore;
Sie sandte sieben Boten aus,
Doch keiner kehrte noch nach Haus,
Der sichre Kunde brächte.

Sie sandte sieben Boten aus,
Die sollten rings erkunden,
Ob wo, in eines Köhlers Haus,
Der König Schutz gefunden;
Doch hofft sie still, daß rot von Blut
Im tiefsten Waldesgrund er ruht,
Von Mörderhand erschlagen.

So hofft und träumt die Königin
An hohen Fensters Flügel
Und greift in ihrem stolzen Sinn
Schon nach der Herrschaft Zügel;
Wohl sagt sie sich: ›Du hoffst zu viel!‹
Doch ist das nur ein Gaukelspiel,
Um so das Glück zu kirren.

Da sprengt der Sieben einer vor,
Weiß von des Renners Schaume,
Und sieh, die böse Leonor'
Fährt auf aus ihrem Traume;
In tollem, aberwitz'gem Spott
Fleht, gotteslästernd, sie zu Gott
Um eine blut'ge Locke.

Der Diener naht, sein Herze freut
Sich, arglos, seiner Kunde:
»Der König lebt, ich sah ihn heut
In früher Morgenstunde.
Er hielt vor Woodstocks altem Schloß

Und hob ein blasses Weib vom Roß –
Ihr Haar war lang und golden.«

»Daß du an ihrem goldnen Haar
Im nächsten Walde hingest,
Du Schurke, der du lerchenklar
Dein Rabenliedlein singest!
Wer gab dir nur die freche Stirn,
Daß du der buhlerischen Dirn'
Vor Unsrem Ohr gedenkest!«

Und Rachepläne röten jetzt
Die Stirne ihr, die blasse,
All, was sie sinnt, ist wie gewetzt
An eifersücht'gem Hasse.
Scharf stechend fällt in ihren Saal
Die Sonne; jeden einzlen Strahl
Möcht' sie zum Stoße zücken!

»Doch nein, es fall' kein Tropfen Blut,
Kein nutzlos Blutvergeuden,
Sie lebe, lebe wohlgemut
All ihren süßen Freuden;
Doch nimmt sie je das Abendmahl,
Gedrückt von ihrer Sünden Zahl,
Mein Priester soll's ihr reichen.«

Sie spricht's und schlingt in stiller Lust
Die Fäden ohne Säumen,
Dieweil in Woodstock, Brust an Brust,
Noch ihre Opfer träumen:
Dort Frühling noch und Sonnenlicht,
Hier aber türmen hoch und dicht
Sich schon die Wetterwolken.

4. König Heinrich und Rosamunde in Woodstock

Schloß Woodstock ist ein alter Bau
Aus König Alfreds Tagen,

Man sieht es weithin stolz und grau
Die Tannen überragen;
Zu Füßen ihm ein Garten liegt,
Wie wohl ein blühend Kind umschmiegt
Das Knie des Ältervaters.

Der Garten ist an Blumen reich,
An Quellen und an Bronnen,
Und auf dem Rasen, teppichgleich,
Tanzt gern das Licht der Sonnen;
Doch finster an des Gartens Saum
Drängt sich urplötzlich Baum an Baum
Zu mächt'gem Forst zusammen.

In seine Tiefen glückt es nicht
Der Sonn' ihr Licht zu senden,
Nur knisternd durch die Zweige bricht
Der Hirsch von sechzehn Enden;
Scheu folgt das Elen seiner Bahn,
Und kreischend lockt der Auerhahn
Herab vom Tannengipfel.

Am Waldrand, in des Gartens Näh',
Ist eine offne Stelle:
Es glitzert dort, halb Teich, halb See,
Im Sonnenstrahl die Welle;
Viel Erlen stehn am Uferrand,
Und wo die Quelle küßt den Sand,
Da sprießen blaue Blumen.

Und hier im duft'gen Wiesengrund,
Wo Wald und See sich grüßen,
Da sitzt die schöne Rosamund
Zu König Heinrichs Füßen:
Es ruht ihr Haupt auf seinem Schoß,
Und ihre Augen, blau und groß,
Schaun lächelnd in die seinen.

Ein frischer Bronnen ist ihr Mund,
Und Heinrichs Lippen senken,
Wie Krüge, tief sich auf den Grund,
Um so sein Herz zu tränken;
Doch wie solch Trunk ihn auch erquickt,
Aus seinen Augen finster blickt
Von Zeit zu Zeit die Seele.

Das junge Weib, es bangt und blaßt
Vor seines Auges Schatten,
Und sieh', ihr eignes Herz erfaßt
Der Trübsinn nun des Gatten;
Sie weint und ruft in bittrem Harm:
»Ist auch die Liebe selbst zu arm,
Ein *ganzes* Glück zu schaffen!

Was soll nur, Heinrich - spricht sie fort -
Der Ernst in deinen Zügen?
Sag', will mein schlichtes Liebeswort
Dir fürder nicht genügen?
Ach, als ich dir mein Herze gab,
Gab ich dir all mein Gut und Hab -
Ich hab' nichts mehr zu geben.«

Sie spricht's, und sieh, ein Tropfen warm
Rollt über Heinrichs Wange:
Er preßt sie fester in den Arm
Und küßt sie heiß und lange;
Dann spricht er: »Was mir raubt die Ruh,
Du reines Herz, das bist nicht *du*,
Das ist mein bös Gewissen.«

Er legt sie auf den Blumenplan,
Und kniend vor der Armen
Ruft er: »Was ich dir angetan,
Des woll' sich Gott erbarmen!
Ich, der gefreit um deine Hand,

Bin König über Engelland
Und Leonorens Gatte.«

Da flieht die letzte Rose scheu
Von Rosamundens Wangen,
Der König aber hält aufs neu
Voll Inbrunst sie umfangen;
Laut ruft er: »So du kannst, vergib,
Und sei mein Leben, sei mein Lieb,
So treu, wie ich dich liebe!«

Wohl durch die Tränen leuchtet da
Ihr Auge wie die Sonne:
Was immer sei, er liebt sie ja,
Und das allein ist Wonne.
Sie spricht: »Dein bin ich alle Zeit,
Und kostet's meine Seligkeit,
Es soll kein Tod uns trennen!«

Da heben ringsum alsobald
Die Vöglein an zu singen,
Es will das Rauschen in dem Wald
Wie Orgelton erklingen.
Der König still sein Liebchen preßt,
Und seiner Seele Hochzeitsfest
Hat nur der Wald vernommen.

5. Wie König Heinrich gen London zieht

Noch blitzt die Sonne kaum ins Tal,
Auf Woodstocks Turm und Tannen,
Da zieht im ersten Morgenstrahl
Der König schon von dannen;
Ihn grüßend von des Söllers Rand
In weißem, flatterndem Gewand
Steht Cliffords schöne Tochter.

Wie Marmor leuchtet in die Au
Ihr Nacken, der entblößte,

Mit Perlen schmückt der Morgentau
Ihr Haar, das aufgelöste.
Sie blickt herab, er blickt hinauf,
Und jeder möcht' in heißem Lauf
Dem eignen Blicke folgen.

Wie ausgesetzte Schiffer bang
Am Felsenufer harren
Und auf das flücht'ge Schiff noch lang
Sehnsücht'gen Auges starren -
So blickt vom Turm jetzt in den Wald
Auf Heinrichs schwindende Gestalt
Die schöne Rosamunde.

Er aber gleicht dem Schiffer gut,
Dem nichts das Auge feuchtet,
Solang' ihm noch durch Sturm und Flut
Des Liebchens Fenster leuchtet.
Nun aber wird's ihm bang fürwahr:
Noch einmal blitzt ihr goldnes Haar,
Es blitzt - und ist verschwunden.

Doch Waldesduft und Morgenschein
Sind keine Grillenfänger,
Und auch des Königs Traurigsein,
Sie dulden es nicht länger.
Tautropfen glänzen hier und dort,
Die Sonne sieht's und küßt sie fort -
Sie will heut keine Tränen.

Die Lerchen flattern her und hin,
Und Heinrich hört sie singen:
»Nur frischer Mut und froher Sinn
Darf in den Himmel dringen.«
Des Waldes Tauben girren laut:
»Ein Herz, das liebt und Gott vertraut,
Lacht wie die Maiensonne.«

Da denkt der König: ›Sei gescheit
Und laß all trübes Sinnen!
Der Trennung Zeit ist böse Zeit,
Doch wird sie drum verrinnen.
Traun, wer nicht will von dannen gehn,
Der bringt sich selbst ums Wiedersehn –
All Leid hat seine Freude.‹

Er denkt's; und als an Wald und Sumpf
Er jetzt vorübertrottet,
Da wähnt er wohl mit Stiel und Stumpf
Die Sorgen ausgerottet;
Manch Lied ihm aus der Kehle schallt –
Bis nun durch Londons Gassen hallt
Der Hufschlag seines Schecken.

Schon kauern rings die Häuser, dicht
Gehüllt in nächt'ges Dunkel,
Nur hier und dorten glüht ein Licht,
Wie bösen Aug's Gefunkel.
Das finstre Bild der Königin
Tritt da vor Heinrichs Seele hin
Und löscht die heitren Bilder.

Und alsobald durchklirrt sein Schritt
Des Towers Hof und Tore,
Und aus der Hall' entgegen tritt
Sein Weib ihm, Leonore.
Sie spricht und blickt ihn tückisch an:
»Willkomm, willkomm, Herr Jägersmann,
Nach manchem Tag willkommen!

Ich wett', du hast wie Ritter Jürg
Lindwurm und Molch getötet,
Zehn Meilen Forst, des bin ich Bürg',
Hast du mit Blut gerötet;

Wie, oder hätt' im Woodstock-Gau
Waldfräulein dich und Heidefrau
Bis diesen Tag bewirtet?«

Der König drauf: »Waldfräulein frisch,
Wohl hab' ich das gefunden,
Und Speis' und Trank von ihrem Tisch,
Die machten mich gesunden;
Doch frägst du nach dem Heideweib?
Ihr glühes Aug', ihr welker Leib
Ist andren Orts zu finden.«

Der König spricht's, ein leiser Spott
Fliegt über seine Züge;
Dann ruft er stolz: »Verhüt' es Gott,
Daß ich dich feig belüge!
Ich schulde dir nicht Treu' noch Dank:
Waldfräulein blond, Waldfräulein schlank
Ist Cliffords schöne Tochter.«

Er spricht's, und als in Haß und Zorn
Jetzt ihre Augen blitzen,
Da ruft er laut: »Es soll kein Dorn
Je ungestraft sie ritzen!
Dein Blick ist Dolch, dein Wort ist Gift –
Und wenn des Himmels Blitz sie trifft,
Du stirbst, denn du bist schuldig!«

Der König spricht's; er tritt heran
Zu hohen Fensters Nische
Und zieht in langen Zügen dann
Die Nachtluft ein, die frische;
Sein Aug' ist trüb, sein Herz ist fern –
Hernieder blickt der Abendstern,
Wie Rosamundens Auge.

6. Wie König Heinrich gen Frankreich zieht und was weiter geschah

Und Heinrich, sieben Tage lang
Hält's ihn in Londons Mauern;
Wohl mocht' ihm jeder Stunde Gang
Wie Lauf des Jahres dauern;
Nun aber hält's ihn länger nicht,
Und schüttelnd ab all Last und Pflicht,
Fliegt er zu Lohn und Liebe.

Daheim sein Thron und Herrscheramt
Ward Kerker ihm und Frone:
Nur hier, wo Seel' in Seele flammt,
Trägt Zepter er und Krone.
Hier ist er reich, *dort* ist er arm –
Ein einzig Herze, treu und warm,
Ist mehr als Erd' und Himmel.

So flieht die Zeit. Des Herbstes Näh'
Färbt kaum die Bäume gelber,
Da kommt in seinem Kleid von Schnee
Auch schon der Winter selber;
Doch immerdar, wie Sturm auch tost,
Des Königs Ziel, des Königs Trost
Bleibt Woodstock allerwegen.

Und Frühling wird's: Schneeglöckchen nickt
Mit freundlicher Gebärde,
Das schüchtern stille Veilchen blickt
Blauäugig aus der Erde;
Und wie so drauß es grünt und blüht,
Da immer festre Kreise zieht
Schloß Woodstock um den König.

Heut aber trug ihn heim sein Roß,
Schon hält's im Tower stampfend,
Da sprengt ein Ritter durch das Schloß,

Vom langen Ritte dampfend;
Noch hemmt er kaum des Renners Lauf,
Da klingt es schon: »Auf, König, auf!
In Frankreich loht Empörung.«

Der König hört's; sein Streitroß wild
Besteigt er statt des Schecken,
Er läßt mit Schienen sich und Schild
Von Kopf zu Fuß bedecken;
Er stülpt den Helm auf sein Barett
Und steckt, als ein Plantagenet,
Den Busch davor von Ginster.

Der Hengst springt an, schon dröhnt und hallt
Der Hof von Rosseshufen,
Da seinen Diener, treu und alt,
Läßt König Heinrich rufen;
Herab vom Rosse spricht er laut:
»Gen Woodstock, eh' der Morgen graut,
Bring deines Königs Grüße.«

Er spricht's, und durch den Tower hin
Ist kaum er jetzt gezogen,
Da tritt glührot die Königin
Zurück von Fensters Bogen;
Sie hat des Gatten Wort erlauscht,
Und ihres Kleides Seide rauscht
Mitzürnend in ihr Murmeln.

Dann spricht sie laut: »Und will, Gesell',
Mein Gold dich nicht bestechen,
So gibt's im Wald manch gute Stell',
Um, was nicht biegt, zu brechen:
Kein Wörtlein von des Königs Gruß,
Noch, daß im fernen Land sein Fuß,
Darf je nach Woodstock dringen.

Wohl wie nach Speis' in Hungersnot
Wird sie nach Botschaft bangen,
Es soll kein Bröcklein Trostesbrot
Je zu ihr hin gelangen;
Ich bring' ein köstlich Gift ihr bei,
Das *Zweifelgift* an seiner Treu –
Das muß das Herz ihr brechen.«

Sie spricht's, und schreitet durch den Saal
Und kann nicht Ruhe finden:
Sie sieht in Ungewißheitsqual
Ihr Opfer schon sich winden;
Sie lacht: »Nun, Rosamunde fein,
Laß sehn, das wird ein Probestein
Für so ein Herz voll Liebe!«

7. Wie Rosamunde hofft und harrt

Durch Woodstocks Laubengänge hin,
In heller Mittagsstunde,
Zieht nassen Aug's in trübem Sinn
Die schöne Rosamunde;
Sie tritt zu einer Ros' heran
Und pflückt sie und zerpflückt sie dann –
Ein Tropfen fällt hernieder.

Da plötzlich springt – den dürren Leib
Behängt mit schmutz'gen Loden,
Rasch in den Gang ein Bettelweib,
Als wüchs' es aus dem Boden;
Sie kreischt in widerlichem Ton:
»Gib nur die Hand, ich weiß es schon,
Du willst vom Liebsten wissen.«

Sie nimmt die Hand und drückt sie nun –
Auf schreit Schön-Rosamunde;
Die Alte murmelt: »Soll ich's tun?
Kein Lauscher in der Runde!«
Dann aber läßt die Hand sie frei

Und spricht wie mitleidsvoll: »Vorbei!
Betrogen, Kind, betrogen!«

Das Bettelweib, kaum daß sie's sprach,
Ist wieder sie verschwunden,
Schön-Rosamunde starrt ihr nach,
Gelähmt und schreckgebunden;
In Lüften eine Lerche singt –
Sie hört es nicht, im Ohre klingt
Das Sprüchel ihr der Hexe.

8. Ein Sturm

Der Sturm will jagen: auf fährt er vom Sitz
In seinem zerklüfteten Schlosse,
Er ruft seinen Diener, den flüchtigen Blitz,
Und schwingt sich jauchzend zu Rosse;
Dann probt er die Kraft seiner nervigen Hand
Und schleudert die Tanne, die vor ihm stand,
Gleich einem Ball in die Lüfte.

Die Jagd hebt an: vom Felsenhorst
Stürzt er mit klaffender Meute
Und spürt in Schluchten und Urwaldforst
Nach tausendjähriger Beute.
Von Norden her saust er und braust er heran,
Und jetzt durch Woodstocks mächtigen Tann
Schrillt seine gellende Pfeife.

Es ächzt und stöhnt der geschüttelte Wald –
Umsonst, ihn rettet kein Jammern!
Wie fest die Eiche sich klammert und krallt,
Zerbrochen werden die Klammern.
Und was von der Hand des Sturmes nicht fällt,
Das wird vom Speere des Blitzes zerspellt –
Tot liegen die Riesen des Waldes.

Und weiter geht es auf schnaubendem Roß,
Die Hufe stampfen und schlagen,

Verhängten Zügels an Woodstock-Schloß
Will er vorüber jagen:
Sieh, da stutzt er – an Söllers Rand
Steht ein Mädchen und hebt die Hand
Und ruft: »O komm, o rette!«

»O komm, o rette!« Er fängt es auf
Und trägt es fort in die Lüfte;
Mit Donnerstimme auf seinem Lauf
Ruft er's in Wälder und Klüfte;
Der schäumenden See jetzt schrillt er's ins Ohr,
Und die Wasser der Tiefe steigen empor
Und horchen: »O komm, o rette!«

»O komm, o rette!« An Frankreichs Strand
Gellt es der fliegende Reiter;
Die Städte hindurch, hin über das Land
Braust er weiter und weiter;
Da flattert's wie Linnen auf offenem Feld,
Und lauter an König Heinrichs Zelt
Ruft er: »O komm, o rette!«

Der König hört's; der rüttelnde Sturm
Entriß ihn finsterem Traume:
Er sah einen nagenden Totenwurm
An einem blühenden Baume –
Er denkt des Traumes und steigt zu Schiff,
Ihn kümmert nicht Woge, ihn kümmert nicht Riff,
Er hört nur: »Rette, rette!«

9. Rosamundens Tod

Im Woodstock-Forst, nach Sturmesnacht,
Herrscht wieder tiefes Schweigen,
Nur einz'le Tropfen fallen sacht
Von Blättern jetzt und Zweigen;
Und leis nur durch die Wipfel zieht
Von Zeit zu Zeit ein Klagelied
Um die geliebten Toten.

Am Waldrand, in des Gartens Näh',
Ist eine off'ne Stelle:
Es glitzert dort, halb Teich, halb See,
Im Mondlicht jetzt die Welle;
Viel Erlen stehn am Uferrand
Und wo die Welle küßt den Sand,
Da sprießen blaue Blumen.

Und hier im duft'gen Wiesengrund,
Wo Wald und See sich grüßen,
Da sitzt die schöne Rosamund'
Den Erlen jetzt zu Füßen;
Es ruht ihr Haupt auf feuchtem Moos,
Und ach, ihr Aug' ist tränenlos
Von vielem, vielem Weinen.

Wohin sie blickt, da wächst ihr Weh
Vor ihres Glückes Zeugen:
Nur tiefer müssen Wald und See
Die Tiefgebeugte beugen;
Und hier, wo Schwur um Schwur erscholl,
Durchzuckt sie's nun verzweiflungsvoll:
»Belogen und betrogen!«

Gen Himmel starrt ihr blaß Gesicht;
Dann, mit erhobnen Armen,
Ruft laut sie: »Gott, ich trag' es nicht –
Ach, üb' ein mild Erbarmen!«
Und alsobald, an tiefster Stell',
Auf Sees mondbestrahlter Well',
Treibt still die Lebensmüde.

Wie blond Gelock der Wasserfee
Durchfurcht ihr Haar die Fluten,
Und wie sie treibt, da scheint ihr Weh
Sich schmerzlos zu verbluten;
Im Tod versöhnt mit ihrem Leid,

Spricht still sie: »Dein in Ewigkeit!«
Und sinkt dann in die Tiefe.

Am dritten Tag, auf Malv' und Mohn,
Da liegt in Sarges Grunde,
Mit Wangen, deren Rot entflohn,
Die schöne Rosamunde;
Um ihre Lippen spielt es mild,
Und wie ein lächelnd Kindesbild
Schläft ihren Schlaf die Tote.

Zu Seiten ihr, ohn' Unterlaß
Und auf und ab im Saale,
Schwingt Knabenhand das Weihrauchfaß,
Gemäß dem Rituale;
Zu Häupten liest - gebückt und alt,
Von härenem Gewand umwallt -
Der Priester seine Messen.

Zu Füßen aber, schattengroß
Im Abendsonnenscheine,
Steht König Heinrich, regungslos,
Gleich einem Bild von Steine;
Sein Aug' ist starr, doch durch sein Herz
Zieht dieses Lebens höchster Schmerz:
Der Schmerz um alles Leben.

Bannockburn

Robert Bruces Ansprache vor der Schlacht

24. Juni 1314

(Nach Robert Burns)

Schotten, schwört und tretet her.
Wallace führt euch nimmermehr,
Aber *ich* zu Ruhm und Ehr',
Oder auch zum Tode.

Drüben Englands ganze Macht.
Nutzt die Stunde. Noch vor Nacht
Ist geschlagen unsre Schlacht.
England, England, wahre dich.

Ist ein Sklav' in unsren Reih'n?
Drängten Feige sich hinein?
Will wer Schelm und Schurke sein?
Schurke, Schelm, steh' auf und flieh'.

Wer für Schottlands Thron und Erben
Mit dem Schwerte wagt zu werben,
Frei will leben, frei will sterben,
Tret' heran und steh' zu *mir*.

Unsre Kinder aus den Ketten
Brit'scher Tyrannei zu retten,
Woll'n wir in den Tod uns betten –
Unsre Söhne seien frei.

Heut der Knechtschaft letzter Tag.
Unserer schott'schen Schwerter Schlag
Englands Heer vernichten mag.
Laßt uns frei sein oder fall'n.

Archibald Douglas

»Ich hab' es getragen sieben Jahr
Und ich kann es nicht tragen mehr,
Wo immer die Welt am schönsten war,
Da war sie öd' und leer.

Ich will hintreten vor sein Gesicht
In dieser Knechtsgestalt,
Er kann meine Bitte versagen nicht,
Ich bin ja worden alt.

Und trüg' er noch den alten Groll,
Frisch wie am ersten Tag,
So komme, was da kommen soll,
Und komme, was da mag.«

Graf Douglas spricht's. Am Weg ein Stein
Lud ihn zu harter Ruh,
Er sah in Wald und Feld hinein,
Die Augen fielen ihm zu.

Er trug einen Harnisch, rostig und schwer,
Darüber ein Pilgerkleid -
Da horch, vom Waldrand scholl es her.
Wie von Hörnern und Jagdgeleit.

Und Kies und Staub aufwirbelte dicht,
Her jagte Meut' und Mann,
Und ehe der Graf sich aufgericht't,
Waren Roß und Reiter heran.

König Jakob saß auf hohem Roß,
Graf Douglas grüßte tief,
Dem König das Blut in die Wange schoß,
Der Douglas aber rief:

»König Jakob, schaue mich gnädig an
Und höre mich in Geduld,
Was meine Brüder dir angetan,
Es war nicht meine Schuld.

Denk nicht an den alten Douglas-Neid,
Der trotzig dich bekriegt,
Denk lieber an deine Kinderzeit,
Wo ich dich auf den Knien gewiegt.

Denk lieber zurück an Stirling-Schloß,
Wo ich Spielzeug dir geschnitzt,
Dich gehoben auf deines Vaters Roß
Und Pfeile dir zugespitzt.

Denk lieber zurück an Linlithgow,
An den See und den Vogelherd,
Wo ich dich fischen und jagen froh
Und schwimmen und springen gelehrt.

O denk an alles, was einsten war,
Und sänftige deinen Sinn,
Ich hab' es gebüßet sieben Jahr,
Daß ich ein Douglas bin.«

»Ich seh' dich nicht, Graf Archibald,
Ich hör' deine Stimme nicht,
Mir ist, als ob ein Rauschen im Wald
Von alten Zeiten spricht.

Mir klingt das Rauschen süß und traut,
Ich lausch' ihm immer noch,
Dazwischen aber klingt es laut:
Er ist ein Douglas doch.

Ich seh' dich nicht, ich höre dich nicht,
Das ist alles, was ich kann,

Ein Douglas vor meinem Angesicht
Wär' ein verlorener Mann.«

König Jakob gab seinem Roß den Sporn,
Bergan ging jetzt sein Ritt,
Graf Douglas faßte den Zügel vorn
Und hielt mit dem Könige Schritt.

Der Weg war steil, und die Sonne stach,
Und sein Panzerhemd war schwer,
Doch ob er schier zusammenbrach,
Er lief doch nebenher.

»König Jakob, ich war dein Seneschall,
Ich will es nicht fürder sein,
Ich will nur warten dein Roß im Stall
Und ihm schütten die Körner ein.

Ich will ihm selber machen die Streu
Und es tränken mit eig'ner Hand,
Nur laß mich atmen wieder aufs neu
Die Luft im Vaterland.

Und willst du nicht, so hab' einen Mut,
Und ich will es danken dir,
Und zieh dein Schwert und triff mich gut
Und laß mich sterben hier.«

König Jakob sprang herab vom Pferd,
Hell leuchtete sein Gesicht,
Aus der Scheide zog er sein breites Schwert,
Aber fallen ließ er es nicht.

»Nimm's hin, nimm's hin und trag' es neu
Und bewache mir meine Ruh',
Der ist in tiefster Seele treu,
Wer die Heimat liebt wie du.

Zu Roß, wir reiten nach Linlithgow,
Und du reitest an meiner Seit',
Da wollen wir fischen und jagen froh,
Als wie in alter Zeit.«

Der letzte York

Lancaster herrscht, der Kampf ist aus, die rote Rose hat gesiegt,
Die weiße Rose, Blatt um Blatt, auf zwanzig blut'gen Feldern liegt,
Ein einz'ger nur, des Clarence Sohn, deß Herzblut nicht zu Boden floß,
Im Tower sitzt *Graf Edward York*, des alten Hauses letzter Sproß.
Er sitzt im Tower Jahre schon, am selben Gitterfenster schier,
Wo seinen Vater man ertränkt (er wollt' es so) in Malvasier,
Der Junge hat vom Alten her ererbt den immer leichten Sinn,
Er rechtet mit dem Leben nicht, und wie es fällt, so nimmt er's hin.
Die Drehbank kürzt ihm seinen Tag, es surrt das Rad, es klingt sein Lied,
Des Morgens ist er arbeitsfroh, des Abends ist er arbeitsmüd',
Er wirft sich auf sein Lager hin, hat festen Schlaf und guten Traum –
Daß er ein Sproß vom Hause York, der *letzte* Sproß, er weiß es kaum.
Es surrt das Rad; da rasselt's drauß' und klirrt im Schloß, Flurlicht fällt ein,
Sieh, der Lancasterkönig selbst, Herr Heinrich Tudor, tritt herein.
Er spricht: »Grüß Gott dich, Vetter York, nimm dieses Schwert und diesen Helm
Und drunten nimm mein bestes Roß – der Perkin Warbec ist ein Schelm!
Der Perkin Warbec ist ein Schelm, die blöde Menge läuft ihm zu,
Das macht, er nennt sich *Edward York* und lügt und prahlet: er sei du;
Der Dieb, er stiehlt mir meinen Schlaf, doch ich zerreiß' ihm seine List.
Komm mit und sprich zu allem Volk und zeig', daß du – du selber bist.«
Sie reiten durch das Tower-Tor, auf Platz und Straße wogt es rings,
Das ist er! raunt die Menge rechts, das ist er! raunt die Menge links,
Er hört es nicht – das Puppenspiel trieb ihm ins Antlitz Grimm und Glut,
Mit eins lebendig worden ist in ihm das alte Königsblut.
Er grüßt nicht rechts, er grüßt nicht links, er starrt nur schweigend vor sich hin –
Graf Edward York, wo blieb dein Erb', des Vaters immer leichter Sinn?
Sie reiten still bis Ludgate-Hill, der König flüstert: »Vetter, hier!«
Der aber schweigt und murmelt erst am Tower-Tor: »Das denk' ich dir.«
Und eh' die Nacht am tiefsten sinkt, ist seines Kerkers Zelle leer,
Ein Strick, aus Tüchern festgeknüpft, weht weiß im Winde hin und her,
Und eh' des andern Tages Schein noch hell in seine Zelle fällt,
Da tritt er schon, Helm auf dem Haupt, in Perkin Warbecs flatternd Zelt.
Er spricht: »Du nennst dich Edward York, und Edward York so nenn' ich mich,

Wer von uns zwei'n der rechte sei, beim ew'gen Gott, das findet sich,
Doch, daß du meinen Namen stahlst und mit ihm würfelst um den Thron,
Heut dank' ich's dir aus voller Brust, 'genüber diesem Tudor-Hohn.
Entgegen ihm! Und siegen wir, so trägst du Englands Krone mit!« –
Sie zogen aus und stritten gut, doch Heinrich Tudor besser stritt,
Er schlug zurück die Stürme all, Graf Edward tat den letzten Sturm,
Und eh' die Nacht am tiefsten sank, saß er aufs neu im Tower-Turm.
Der Morgen kommt; da rasselt's drauß' und klirrt im Schloß, Flurlicht fällt ein,
Sieh, des Lancasterkönigs Freund in rotem Mantel tritt herein.
Er spricht: »Grüß Gott dich, Edward York. Was ich dir tuen muß, vergib,
Doch will ich's tun mit fester Hand und treffen dich auf *einen* Hieb. «
Sie schreiten durch das Tower-Tor, auf Platz und Straße wogt es rings,
Das ist er! raunt die Menge rechts, das ist er! raunt die Menge links,
Er grüßt nach rechts, er grüßt nach links, er starrt nicht länger vor sich hin,
Graf Edward York hat wieder ganz des Vaters immer leichten Sinn.
Sie schreiten still bis Ludgate-Hill, auf ragte da das Blutgerüst,
Graf Edward York, zum letzten Mal hat er das Kruzifix geküßt,
Die Lerchen stiegen himmelan, die Glocken klangen dumpf und matt,
Und rot von Blut zu Boden fiel der weißen Rose letztes Blatt.

Johanna Gray

Lady Gray fährt auf vom Schlummer (der Morgen dämmerte kaum):
»Gott woll' uns nicht versuchen! Ich hatt' einen bösen Traum.
Ich sah einen Purpurmantel treiben auf offner Flut –
Ich bückte mich nach dem Mantel, da war es mein eigen Blut.«
Sie spricht's. Auf klingt vom Hofe verworrener Stimmen Schall,
Sieben Reiter steigen vom Rosse und schreiten in die Hall',
Sie harren entblößten Hauptes, Lady Gray tritt vor sie hin,
Sie sprechen aus einem Munde: »Wir grüßen dich, Königin!«
»Und starb mein Herr und König, was sucht ihr die Erbin hie?
Die Erbin seiner Krone, das ist Prinzessin Marie!«
Da sprach der sieben einer, der stolze Northumberland:
»Wir wollen keine Papistin auf dem Throne von Engelland.«
»Und wollet ihr nicht Maria, welch Recht auch immer sie hätt',
So lebt Anna Bulens Tochter, Prinzessin Elisabeth!« –
»Anna Bulen war ein Buhlweib«, rief da Northumberland,
»Wir wollen keinen Bastard auf dem Throne von Engelland!«
»Und weigert ihr beiden die Krone, Elisabeth und Marie,
So traget die Krone selber, ich aber trage sie nie.«
Da lachte der stolze Herzog: »Täubchen, schlag ein, schlag ein,
Der Habicht ist über der Taube, du *sollst* unsre Königin sein.«
Sie legten ihr um den Mantel, sie hoben sie leicht aufs Roß,
Ihrer Locken goldne Fülle über den Purpur floß,
Sie rief ihr Hausgesinde: »Lebt wohl und gedenket mein!«
Sie sprengte weinenden Auges in den lachenden Morgen hinein.
Und als sie kamen gen London, horch, Glocken- und Feierklang,
Sie sprach: »Wer ist gestorben? Wer tut seinen letzten Gang?«
Northumberlands Stirn erblaßte, die eben so rot noch glomm:
»Die Glocken gelten dir selber und klingen willkomm, willkomm!«
Und als sie kamen zur City, bis nieder gen Tempel- Bar,
Einen goldnen Schlüssel reichte die goldne Stadt ihr dar –
Ein Kranz von dunklen Eichen umfaßte des Goldes Glanz,
Sie rief: »Mein ist der Schlüssel!« Sie dachte: ›Mein ist der Kranz!‹
Und als sie kamen zum Tower und die Zugbrück' niederschlug,
Da bäumte hochauf ihr Leibroß, das sonst so sicher sie trug,
Northumberland riß es am Zügel – wie hat da das Roß geschäumt;
Sie streichelte seinen Nacken: »Ich weiß, warum du gebäumt.«

Sie trat in die Krönungshalle, Bischöfe waren bereit,
Zwei Lords mit Zepter und Krone standen an Thrones Seit',
Sie nahm die Perlenkrone und fragte: »Wer trug sie schon?«
Die Lords verneigten sich beide: »Es ist Anna Bulens Kron'!«
Und nieder aus der Halle schritt sie zur Tower-Kapell',
Inbrünstig warf sie sich nieder an Altars heiliger Schwell',
Auf stand sie leichteren Herzens; noch einmal sah sie herab:
»Auf wessen Grabstein kniet' ich?« »Es ist Anna Bulens Grab.«
Und draußen im Hof des Towers, da lagen weiße Stein',
Alle gefügt zum Kreise, drauf fiel der Sonnenschein,
Sie trat in die schimmernde Rundung: »Gnädige Königin, um Gott,
Auf diesen weißen Steinen stand Anna Bulens Schafott.«
Und als das Wort gesprochen, da horch, Trompetenklang,
Über des Towers Zugbrück' der Rappe Marias sprang,
Maria Tudors Rappe – seht, wie sie im Sattel sitzt!
Eines Scheiterhaufens Flamme aus ihrem Auge blitzt.
Sie hebt sich rasch aus dem Sattel, nach wallt ihrer Schleppe Samt,
(Lady Gray, wo sind deine Freunde? tot oder zum Tode verdammt!) –
Sie schreitet hinan zum Throne, triumphierend schaut sie drein,
Ihre festen Schritte sprechen: Diese Stufen sind *mein*.
Lady Gray erwacht im Kerker, sie spricht: »Gott Ehr' und Preis! «
Drei Tage kommen und gehen, die Steine sind nicht mehr weiß,
Die Steine sind schwarz verhangen, eine Leiter muß Treppe sein,
Zwei lächelnde Augen sprechen: *Diese* Stufen sind mein.
Sie neigt sich vor dem Volke: »Gott segne die Königin!«
Sie neigt sich zum Gebete: »Mein Heiland, nimm mich hin!«
Sie neiget sich zum dritten – da war das Beil bereit – –
Lady Gray trägt ihren Purpur an Anna Bulens Seit.

Maria Stuart

(Romanzen-Zyklus)

Ich habe menschlich, jugendlich gefehlt,
Die Macht verführte mich, ich hab' es nicht
Verheimlicht und verborgen, falschen Schein
Hab' ich verschmäht mit königlichem Freimut.
Das Ärgste weiß die Welt von mir, und ich
Kann sagen, ich bin besser als mein Ruf.

1. Maria Stuarts Weihe

Schloß Holyrood ist öd' und still,
Der Nachtwind nur durchpfeift es schrill,
Es klirrt kein Sporn in Hof und Hall',
Nur finstres Schweigen überall.

Da plötzlich schwebt, in luft'gem Gang,
Ein hohes Weib die Hall' entlang:
Ihr klares Aug' strahlt ewig-jung
Vom Feuer der Begeisterung.

Zu Häupten ihr glüht Sternenschein,
Ihr Haar ist gold - wer mag sie sein?
Sie kommt und bringt ihr Angebind
Im Saale drin dem Königskind.

Das Königskind, das heißt *Marie;*
Wie Liedeszauber umklingt es sie,
Als, neigend über die Wiege sich,
Die *Muse* spricht: »Ich weihe dich!«

Sie sprach es kaum, da - still und stumm
Entschwebet schon sie wiederum,
Und lachend schlüpfen lust'ge zwei
Jetzt in die Tür, an ihr vorbei.

Die eine trägt zu buntem Tand
Einen Pfauenfächer in blitzender Hand,
Es knistert die Seide, es bauscht ihr Kleid,
Das war die Dame *Eitelkeit.*

Die andre, frech und üppig gar,
Trägt langes, aufgelöstes Haar,
Ihr Aug' ist schwarz, nackt ihre Brust,
Das war die Dirne *Sinnenlust.*

Sie neigen beide zur Wiege sich
Und kichern hell: »Wir weihen dich!«
Da huscht, und ihre Wang' erblaßt,
Rasch in den Saal ein dritter Gast.

Wie Schatten schleicht er an der Wand,
Sein Kleid ist rot, rot seine Hand,
Er schaut sich um, sein Auge sticht,
Und messerscharf ist sein Gesicht.

Er neigt sich jetzt und spricht das Wort:
»Ich weihe dich zu Blut und Mord!«
Auf schreit im Schlaf das Königskind,
Und heller draußen pfeift der Wind.

Der Gast ist fort, doch her und hin
Wirft banger Traum die Schläferin.
Geweiht fürs Leben schlummert sie,
Die schöne schottische Marie.

2. David Rizzio

Herr Darnley reitet in den Wald, Lord Ruthven ihm zur Seite;
Herr Darnley spricht: »Was frommt es mir, daß in den Lenz ich reite?
Ich ritt hinaus, ein Schreckgespenst mir aus dem Sinn zu schlagen,
Ihr aber, Ruthven, hastet Euch, ins Feuer Öl zu tragen.«
Lord Ruthven streicht den roten Bart, als sei er des zufrieden,
Er schweigt und denkt nur: ›Wenn es heiß, soll man das Eisen schmieden‹;
Seit an Marias Ohr er frech ein Liebeswort verloren,

Hat er der schönen Königin im Herzen Haß geschworen.
Er spricht kein Wort, beredter spricht sein Lächeln jetzt und Schweigen,
Er sieht, von Schritt zu Schritt, das Blut in Darnleys Wange steigen;
Der ruft: »Sing aus dein Rabenlied, und spricht's wie deine Blicke,
Verdamm mich Gott, wenn ich den Fant nicht in die Hölle schicke! «
Lord Ruthven streicht den roten Bart; in heuchelndem Erstaunen
Spricht er: »Mein König zweifelt noch an dem, was alle raunen,
Er weiß nicht, was ein jeder weiß von Schottlands Königsstuhle,
Daß Heinrich Darnleys ehlich Weib des David Rizzio Buhle!«
Herr Darnley kehrt gen Edinburg, er hält vor seinem Schlosse:
»Lord Ruthven - spricht er - so's beliebt, *bleibt* Ihr mein Jagdgenosse,
Der Fuchs ist schlau, doch bärg' er sich in *ihres* Kleides Falten,
Ich jag' ihn auf, noch heute nacht will meinen Schwur ich halten.«

Es glänzt der festgeschmückte Saal von Rittern wohl und Frauen,
Vor allen ist Maria doch als Königin zu schauen,
Sie läßt die Zeit bei Spiel und Tanz in raschem Flug enteilen,
Und nur ihr Gatte zögert noch, des Festes Lust zu teilen.
Die Kerzen und die Wangen glühn vor Freuden um die Wette,
Es schreitet an Lord Seytons Hand Maria zum Bankette,
Der Becher schäumt, Maria winkt, ein Saitenspiel zu bringen,
Ihr Liebling Rizzio nimmt es hin und hebet an zu singen:
Der König zog in finstrem Sinn
Hinaus mit seinem Trosse;
Nach blickt die schöne Königin
Dem Reiter und dem Rosse.

Und als des Waldes Laub und Moos
Den König kaum erlaben,
Da lockt sie schon auf ihren Schoß
Den blonden Edelknaben.

Sie streicht sein Haar, sie küßt so heiß
Die Lippen ihm und Wangen,
Die aber sind heut kalt wie Eis
Und atmen kein Verlangen.

Sie flüstert: »Lieber Knabe mein,
Halt fester mich in Armen,
Wir wollen eins zur Stunde sein,
Das wird dein Herz erwarmen.«

Er aber spricht: »Mag heute nicht
Fest herzen dich und pressen,
Ich hatt' zur Nacht ein Traumgesicht,
Das kann ich nicht vergessen:

Es trat der König vor mich hin,
Als ich dich wollte küssen;
Mir ist so bang, lieb' Königin,
Als würd' ich sterben müssen ...«

»So *stirb*, du buhlerischer Tor!« Herr Darnley ruft's dazwischen,
Es fegt im Nu sein Zornesblick die Gäste von den Tischen,
»Stirb denn und dank's im Tode mir, daß ich mit guter Klinge
Zu deinem bösen Bubenlied das letzte Verslein singe.«
Es packt den Sänger Todesangst: in namenlosem Leide
Hält fest er, wie ein zitternd Kind, sich an Marias Kleide,
Die tritt, halb Furcht halb Zorn im Blick, hervor, ihn zu bewahren,
Umsonst, schon ist des Königs Schwert ihm durch die Brust gefahren.
Es hält, die lange Nacht hindurch, Maria Totenwache,
Zum ersten Mal durchzieht ihr Herz der heiße Wunsch nach Rache;
Die Morgensonne sah den Schwur auf ihrer Lippe beben –
Herr Darnley hat des Sängers Tod bezahlt mit seinem Leben.

3. Maria und Bothwell

König Darnley liegt erschlagen,
Graf Bothwell hat es getan;
Sechs Lords von Schottland tragen
Die Leiche nach Sankt Alban,
Sie stellen bei Fackelscheine
Den Sarg an den Altar hin –
Von Trauernden fehlt nur *eine*,
Maria, die Königin.

Die sitzet daheim im Schlosse,
In funkelnder Nische des Saals,
Auf dem Sammetpfühl ihr Genosse
Ist der Mörder ihres Gemahls;
Dem Lande kleidet die Trauer,
Der Königin kleidet die Lust,
Kalt-heiße Wonneschauer
Durchrieseln ihre Brust.

Sie spricht verlockenden Schalles:
»Nun komm und küsse dich rot,
Ich danke dir alles, alles,
Mein Leben und – *seinen* Tod;
O schau nicht so fragend und bange,
Schau lieber wie sonst mich an,
Leg ab die blasse Wange –
Getan ist, was getan.«

Die Kerzen brennen wie lüstern
Und geben schwülen Hauch,
Immer leiser wird das Flüstern,
Nun schweigt das Flüstern auch,
Ihr Atem lodert zusammen,
Wie Glut und Glut sich mischt,
Bis mählich in Flackerflammen
So Lust wie Licht erlischt.

Still wird's; nur Mondeslichter
Durchhuschen noch bleich den Saal,
Es schlummern, wie Totengesichter,
Graf Bothwell und sein Gemahl.
Sie schlummern; des Windes Weise
Erstirbt im hohen Kamin,
An den Wänden, hastig-leise,
Schatten vorüberfliehn.

Und hastiger wird ihr Treiben,
Schon graut und dämmert der Tag,
Da schlägt's an die klirrenden Scheiben
Wie flatternder Flügelschlag;
Auf fahren die zwei vom Kissen,
Verstört an Haar und Sinn;
Im Traume ward wach ihr Gewissen,
Und es murmelt die Königin:

»Hilf, Himmel, ich sah die Meinen
Landflüchtig, der Zügel beraubt,
Der fallenden Krone des einen
Nach rollte sein fallendes Haupt,
Und wie Donner durch meine Seele
Ging zürnend das alte Lied:
Ich räch' alle Schuld und Fehle
Bis in das vierte Glied.«

Maria hat es gesprochen,
Graf Bothwell hört es kaum,
Seine Schläfe pulsen und pochen,
Er denkt an den eigenen Traum,
Er spricht unter Starren und Stocken:
»Sie grüßte, dann betete sie,
Ab schnitt ihr der Henker die Locken –
Ach, *deine* Locken, Marie.«

Graf Bothwell hat es gesprochen,
Maria hört ihn kaum,
Ihre Schläfe pulsen und pochen,
Sie denkt an den eigenen Traum,
Stumm blicken die Buhlergatten
Sich an so blaß, so bang –
König Darnleys blutiger Schatten
Schreitet den Saal entlang.

4. Der sterbende Douglas

(Schlacht bei Langside 1568)

Die Heere stießen aneinander; der Tag ist heiß, der Himmel finster,
Vom Hufschlag dröhnt weithin die Heide, rot tropft der Tau vom schwarzen Ginster;
Es blickt die schottische Maria von nahen Schlosses Fensterbrüstung,
Ihr Auge haftet auf dem Kampfe, doch in dem Kampf auf *einer* Rüstung.

Dem jungen Douglas folgt ihr Auge; sie fühlt ihr Herze höher schlagen,
Er ist's, der sechzehnjährige Knabe, der aus dem Kerker sie getragen,
Er ist's, der ihr ein Heer geworben, und durfte doch um *eins nicht* werben,
Drum wirbt er jetzt um seinen Frieden und um das Glück, für sie zu sterben.

Wen tragen aus dem Kampfgetümmel sie dort auf zweiggeflochtner Bahre,
Das Antlitz weiß, und schwarz die Rüstung, und rot von Blut die blonden Haare?!
Der Douglas ist's: Erfüllung wurde des Hoffnungslosen einz'gem Hoffen,
Es hat ein Schwert von Murrays Mannen ins tiefste Leben ihn getroffen.

Da liegt er, auf gewirktem Teppich, jetzt an des alten Schlosses Stufen,
Maria neigt sich zu ihm nieder, ein Priester wird herbeigerufen;
Der reicht den Kelch ihm unter Tränen, *er* aber segnet diese Stunde,
Hätt' langsam sonst verbluten müssen an seines Herzens stiller Wunde.

Die Brust wird kalt, es stockt sein Atem, sein Auge scheint vom Tod geschlossen;
Maria küßt die bleiche Stirne, die schon so frühe Ruhm genossen:
Da spielt um seinen Mund ein Lächeln, auf glimmt ein letzter Lebensfunken,
Dann ist er in Marias Arme zu letztem Schlaf zurückgesunken.

Marie Duchatel

(Aus der Zeit Maria Stuarts)

»Welchen Hofstaat bringt unsre Königin mit?«
»Sie bringt mit ihre vier Marien,
Ihre vier Marien von Frankreich her,
Die müssen mit ihr ziehn.

Die müssen ihr plätten und glätten das Bett
Und warten auf der Schwell',
Ich kenne die jüngste, die schönste,
Das ist Marie Duchatel.«

Marie Duchatel sprang ans Ufer,
Im Winde flog ihr Haar,
Der König sah Marie Duchatel
Und wie schön und wie schlank sie war.

Marie Duchatel sprang in den Bügel,
Ihr Haar war blond und licht,
Der König sah Marie Duchatel,
Die andern sah er nicht.

Marie Duchatel sprang aus dem Sattel,
Und zur Kirche schritten sie hin,
Der König sah Marie Duchatel,
Viel mehr als die Königin.

Und eh' drei Wochen waren ins Land,
Da sangen sie laut und hell:
Was sind alle Mädchen am Hofe
Gegen Marie Duchatel.

Und eh' drei Monde waren ins Land,
Da sangen sie, groß und klein:
Ach, ohne Marie Duchatel
Könnten wir gar nicht sein.

Marie Duchatel, Marie Duchatel,
Wolle nicht in den Garten gehn,
Der König ist da, und die Nacht ist nah,
Und du kannst nicht widerstehn!

Nun pflücket sie heimlich vom Klosterbaum
Und ringt ihre Hände wund,
Doch das Leben unterm Herzen
Wird lebendiger jede Stund'.

Und endlich hinaus zum Strande
Schleicht sie und trägt ihr Kind:
»Nun schwimme oder sinke!«
Flüstert sie in den Wind. –

Am andern Morgen läuft's auf und ab:
»Wisset ihr, was geschah?
Marie Duchatel hat ein Kleines,
Und das Kleine ist nicht da.«

Und die Königin ruft Marie Duchatel,
Die zittert und kommt geschwind:
»Ich hörte zu Nacht was wimmern!
Sag an, wo ist dein Kind?«

»Ich habe kein Kind, Mylady,
Denket nicht so schlecht von mir,
Ich hatte Stiche und Schmerzen
Unterm Herzen hier.«

»Und hattest du Stiche und Schmerzen,
Wohlan, heut bist du gesund,
Bring mir meinen Mantel von Scharlach,
Wir reiten noch diese Stund'.

Wir reiten von Schloß Stirling
Bis Edinburg ohne Müh,

Und in Edinburg gibt's Hochzeit
Morgen in aller Früh.«

Die Königin stieg zu Rosse,
Ihre Herren und Damen mit,
Sie ritten all im Trabe,
Marie Duchatel ritt im Schritt.

»Haltet an, liebe Herren und Damen,
Ich kann nicht folgen mehr!«
Sie hörten's und sprengten weiter,
Sie ritt seufzend hinterher.

Und als sie kam zum Tore,
Da wußten sie's schon in der Stadt,
Alle Mädchen und Frauen schluchzten,
Sooft sie gegrüßet hat.

»Was weinet ihr, liebe Frauen?
Kommt mit, es soll Hochzeit sein.« –
Sie schüttelten ihre Köpfe
Und traten ins Haus hinein. –

Am Nordertor, wo das Zollhaus steht,
Da saßen sie zu Gericht,
Sie war erst sechzehn Jahre,
Es konnte sie retten nicht.

Durchs Südertor, am andren Tag,
Ein Zug und ein Karren schlich,
Marie Duchatel wollte lächeln
Und weinte doch bitterlich.

Sie kamen an den Hügel:
»Leb wohl, liebe Königin,
Von deinen vier Marien
Geht eine nun dahin.

Oft hab' ich dich angekleidet
Und dir das Bett gemacht,
Daß es so kommen würde,
Das hab' ich nie gedacht.

Oft hab' ich dir mit Goldband
Dein Scharlachmieder gesäumt,
Von diesem Tag und dieser Stund',
Ach, hab' ich nie geträumt.

Ihr Schiffer und ihr Matrosen,
Wenn ihr zu Schiffe geht,
Erzählt kein Wort in Frankreich
Von allem, was ihr nun seht.

Erzählt nicht meiner Mutter
Von dem Brett, auf dem ich stand,
Und nichts von meinem Tode
Und nichts von meiner Schand'.

Ach, meine arme Mutter,
Als in der Wieg' ich lag
Und du mich herztest und küßtest,
Wie fern war *dieser* Tag!«

Sir Walter Raleighs letzte Nacht

Sir Walter Raleigh sitzt und sinnt im Tower,
Vergittert ist sein Fenster, Erz die Tür,
Als sie sich schloß, schloß sich für ihn das Leben,
Wenn sie sich öffnet, öffnet sie der Tod.
Ihm lacht kein Gnadenstrahl; Tyrannenhaß
Hat ihm auf Hochverrat das Wort gedeutet:
»Der Menschen Recht war vor dem Recht der Stuarts,
Und Kön'ge sind *von* Gott, nicht selber - Gott.«

Die Nacht ist da. Mitleidig durch die Scheiben
Blickt nur der Mond, und nur der Stunde Schlag
(Trotz bietend dem Verbot des Kerkermeisters)
Ruft dem Gefangnen zu: noch lebt die Zeit!
Sir Walter aber, auf die weiße Hand
- Blauadrig längst von Sorg' und Last der Jahre -
Stützt er sein Haupt, und hastig weiter spürend
Auf oft betretner Fährte des Gedankens,
Vergißt er, traumverloren, Zeit und Welt;
Er steigt ins eigne Herz hinab und schreibt:

Willkommen mir, zu scheiden
Von Leben und von Welt,
Mag keinen Gast beneiden,
Den's hier zurücke hält:
Arm sind des Lebens Feste,
Rings abgestandner Wein -
Das Höchste und das Beste
Wie niedrig und wie klein!

Des Hofes Glanz und Schimmer
Blinkt nur wie faules Holz,
Die Kirche lebt vom Flimmer
Und wird vor Demut stolz;
Des Reichen Opferbringen,
Des Mut'gen Märtyrtum,

Der Quell, daraus sie springen,
Heißt Sucht nach Ehr' und Ruhm.

Des Klugen Witz verschwendet
Der Worte viel - um nichts;
Die Weisheit wird geblendet
Vom Glanz des eignen Lichts;
Selbst du, des Weltgewimmels
Gepriesenste, o Kunst,
Es zeugt dich statt des Himmels
Die Mode und die Gunst.

Der *Glauben* ist veraltet,
Die *Lieb'* ist eitel Lust,
Ergebung kniet und faltet
Nur, weil es heißt: »Du mußt!«
Die *Treu'* ging längst verloren
In Schein und Lug und Trug,
Das *Glück* wird blind geboren;
Ich hab' des Spiels genug.

Willkommen mir, zu scheiden
Von Leben und von Welt,
Mag keinen Gast beneiden,
Den's hier zurücke hält:
Wem's Leben viel gegeben,
Dem gab es Müh und Not,
Der Tod nur ist das Leben,
Und alles Leben - Tod.

Sir Walter schrieb's; ein seltsam Testament,
Mehr eine Beichte als ein letzter Wille.
Da - während noch der gleichgesinnte Spruch
›Die Welt ist eitel‹ durch das Herz ihm klingt -
Erfaßt ihn jener Spottgeist, der es liebt,
In Widerspruch uns mit uns selbst zu bringen,
Der neben unsre Demut, unsren Glauben
Als immer fert'ges Fragezeichen tritt

Und, wo voll Mitgefühls wir weinen wollen,
Uns höhnisch zuruft: »Tor, so lache doch!«
Der Geist erfaßt ihn - und Sir Walters Auge
Hinzwingend auf den Demantring am Finger,
Durchstreicht er ihm die Weisheit dieser Stunde
Und gibt des Lebens Torheit ihm zurück.
Sein Aug' wird hell, Sir Walter sieht nur eins:
Den Sonnentag, der diesen Ring ihm brachte.

Zu Windsor war's, inmitten Waldeslust,
Durchs Eichenlaub floß goldne Mittagssonne,
Und wo die Jagd all ihre Schätze häufte,
Wo hundertfach der Hirsch im Blute lag,
Im Aug' des Rehs die Todesträne blinkte
Und wo der wilde Eber, nun so zahm,
Der Furchen keine mehr im Erdreich riß,
Da wuchs - als hätt' samt seinen Jagdgesell'n
Sich Robin Hood ins Riedgras hin gelagert -
Auf grünem Plan ein Festmahl aus der Erde:
Mit duft'gem Moose war der Tisch gedeckt,
Am Jagdspieß briet das Rundstück und der Ziemer,
Vom nahen Hügel sprudelte der Quell,
Daneben aber, selber schier ein Hügel,
Lag für die durstigsten der durst'gen Kehlen
Ein Stückfaß goldnen Weines, Vögel sangen,
Nichts fehlte, nur der königliche Gast.
Da scholl ein Horn, und sieh, in raschem Jagen,
Gestrüpp und dichtes Farnkraut leicht durchbrechend,
Erschien auf hohem Roß die hohe Frau,
Und jetzt, voll Kraft sich aus dem Sattel schwingend,
Berührte schon ihr Schleppenkleid den Boden,
Da stutzte sie - des Waldgrunds Feuchte lag,
Ein schwarzer Spiegel, schillernd ihr zu Füßen.
Sie stutzte; wohl! doch Augenblicke nur:
Denn pfeilgeschwind, herab zum Teppichdienste,
Flog Ritter Raleighs goldgestickter Mantel,
Und lächelnd nieder trat Elisabeth.

Das war ein Tag! Noch die Erinnrung dran
Gießt Lebenslust durch des Gefangnen Adern.
Er *will* nicht sterben; schmeichlerische Träume
Rückspiegeln ihm die Großtat manchen Tags,
Und seines Klägers Unrecht gegenüber
Anklammernd sich an seines *Ruhmes Recht,*
Springt er jetzt auf und ruft: »Versuch es, Stuart!
Schwer wiegt dein Haß, doch schwerer mein Verdienst.
Irland stand auf - mein Degen warf es nieder;
Cadix bot Trotz - ich brach den Trotz im Sturm,
Und als des finstren Philipps Riesenflotte,
Wie Goliath prahlend, vor Alt-England trat,
Da barg *mein* Schiff die auserwählte Schleuder -
Gott gab die Kraft, ich aber schwang den Stein.«

Sir Walter spricht's; die Enge seines Kerkers
Mit raschem Schritt durchmessend, preßt er jetzt
- Als such' er Kühlung für die heiße Stirn -
Sein fiebrig Haupt an seines Fensters Gitter,
Und jetzt, durch trübes Scheibenglas hindurch,
Nachblickend der zerrißnen Wolken Zug,
Fährt plötzlich er zurück: ins Glas gekritzelt
Steht »Essex« und ein Sterbekreuz darunter.

Seltsames Spiel! Dieselben Wände sind's,
Drin einst - wie er, verklagt auf Tod und Leben -
Sein Nebenbuhler saß, zugleich sein *Opfer,*
Und siehe da! durchs Herz ihm, das noch eben,
Gefälschter Schuld und Klage gegenüber,
Von Ruhmes-Recht geträumt, gehn jetzt die Schauer
Wahrhaft'ger, unauslöschbar-tiefer Schuld.
Er zittert, und als scheu zum zweiten Male
Sein Aug' er jetzt erhebt, da sind's des Grafen
Schriftzüge nicht, nein, Züge des Gesichts,
Und eine Grabesstimme ruft ihm zu:
»Irland stand auf - gleich *dir,* ich warf es nieder,
Cadix bot Trotz - ich nahm's im Sturm, wie *du;*
All meine Schuld, nicht größer als die deine,

War königlicher Gunst verzognes Kind.
Doch fiel mein Haupt, horch auf, es mußte fallen,
Denn sieh, als leise schon das Wörtchen ›Gnade‹
Den Weg vom Herzen auf die Lippe nahm,
Erschlug die Tücke meines Nebenbuhlers
Das süße Wort – und als der Herrin Huld
Auch da noch schwankte, meinen ›Tod‹ zu schreiben,
Da führte *wer* die Hand? Sir Walter, *du*!
Vernimm: die *alte* Schuld deckt nun die neue;
Bereite dich, du zahlst sie mit dem Tod.«

Die Stimme schwieg; der Morgen kam – die Zelle
War öd' und leer. Doch auf dem Gras des Hofes
Lag Tau der Nacht und Walter Raleighs Blut.

Lady Essex

(Fragment)

1.

In England wüten zwei Tyrannen:
Der König Jakob und die Pest,
Und jener immer rafft von dannen,
Was diese noch am Leben läßt.
Im Staube liegt die heil'ge Sache
Des Volks und bettelt vor dem Thron,
Schon aber weben Haß und Rache
Dein Siegeskleid - Revolution.
Schon atmet Cromwell, schon allnachtens
Tritt Englands Zukunft vor ihn hin
Und legt die Keime künft'gen Trachtens
In seinen ruhmbegier'gen Sinn,
Schon graut der Tag, nur noch ein kurzes,
So steigt die Sonne blutigrot,
Doch für die Zeichen nahnden Sturzes
Ist jede Stuart-Seele tot.
An Jakobs Hof drückt ihren Stempel
Die Lust noch auf jedwede Stirn,
Noch ist sein Schloß ein Bacchustempel,
Die Flasche gilt, es gilt die Dirn,
Und rast die Pest, ein jedes Opfer
Scheint nur zu rufen: ›Frisch gelebt!
Wer weiß es, ob der Tod den Klopfer
Nicht bald an *deiner* Türe hebt.‹
Es ist, als ob das nahe Sterben
Dem Leben voll're Reize leiht,
Man jagt in Lust darum zu werben,
Genuß ist Losungswort der Zeit.

Bei Hof ist Ball. Sieh, scheint nicht eben
Die Schönheit selbst daher zu schweben?
Wer anders kann sie sein, die Schlanke,
Zu der, wenn sie vorüberrauscht,

Ein jeder Sinn sich und Gedanke
Hinneiget und gefangen lauscht.
An ihrer Schönheit stumpft der Hohn;
Mehr als ein König auf dem Thron,
Wenn seine Blicke zornig irren,
Vermag *ihr* Auge zu verwirren,
Das bloße Flattern ihrer Locken
Macht schon des Höflings Zunge stocken,
Und selbst der Neid, auf den sie späht,
Bewundert ihre Majestät.

Was ist's, das bis ins tiefste Herze
Die Welt bei Hofe selbst durchbebt,
Wenn anmutvoll, in leichtem Scherze,
Die *Lady Essex* näherschwebt?
Ist's jener Tugend hoher Geist,
Der selbst die Spötter schweigen heißt
Und Ehrfurcht auch von *dem* ertrotzt,
Der schier von allen Lastern strotzt?
Wie, oder ist es nur ein Grauen,
Das sich in alle Herzen bahnt,
Weil man die finstren Mächte ahnt,
Die hier im Busen Hütten bauen?
Das ist's. Ein Ahnen flüstert leis:
All dieser Stolz ist Ätna-Eis,
Ist Lüge, die zu leugnen strebt
Die Lavaglut, die drunter lebt.

2.

Der Herbst ist da. Die Lust, zu jagen,
Lockt aus der Stadt nach Windsor-Schloß,
Und jetzt, vorbei an Heck' und Hagen,
Bricht Jakob und sein Jägertroß.
Welch Leben das! Die Rosse schäumen,
Die Meute klafft, die Pfeife gellt,
Der Wald erwacht aus seinen Träumen
Und schauert, wenn ein Opfer fällt.
Schon dunkelt's. Doch das Blutvergeuden

Es dauert fort bis in die Nacht,
Bis Dürsten nach des Mahles Freuden
Dem Durst nach Blut ein Ende macht.

Heim ruft das Horn. Bald in den Räumen
Des Schlosses lärmt man beim Bankett,
Man zecht, und statt der Rosse Schäumen
Schäumt Wein und Lust jetzt um die Wett',
Toaste schallen hunderttönig,
Der Wein verschwistert Alt und Jung,
Und lüstern bringt zuletzt der König
Den Damen seine Huldigung.
»Die Schönen hoch!« Der trunkne Alte,
Matt blinzelnd ruft er's durch den Saal,
Sie aber, der sein Hoch erschallte,
Die *Lady Essex* fehlt beim Mahl.

Dieweil der königliche Zecher
Umsonst nach ihren Zügen gafft,
Leert sie den ysopbittren Becher
Zurückgewiesner Leidenschaft.
Sie, die bei tausend Huldigungen
Ihr Herz mit kaltem Stolz bewährt,
Sieht jeden Sieg, den sie errungen,
In Niederlage jetzt verkehrt,
Sie glüht, und hinter Teppichwänden
Hervor aus wohlgeborgnem Schrank
Nimmt sie den aus ital'schen Händen
Heut erst erkauften Liebestrank.

»*Der* tu' es!«
Und schon weiter bauend,
Das Fläschchen in gekrampfter Hand,
Stutzt plötzlich sie, sich selbst erschauend
Genüber in der Spiegelwand.
Es ist, als fasse sie ein Staunen
Vor ihrem eignen Ebenbild,
Sie hört den Stolz im Busen raunen:

»*Du* bist es, draus dir Rettung quillt.«
Hin klirrt das Glas in Splitterscherben:
»Fahr wohl! ... Du kümmerlicher Saft
Sollst nicht um Liebe für mich werben
Und spotten meiner eignen Kraft.
Traun, ob der alte Höllenmeister
Auch selber dich bereitet hätt',
Gilt's Herrschaft über Sinn und Geister,
Ich biete dir und ihm die Wett';
Nur fort der letzte Rest von Lüge,
All Schein und Maske fahre hin,
Sehn soll er meine wahren Züge,
Und siegen werd' ich, wie ich bin ...«

Puritanerpredigt

(Cheapside, London, 1645)

... Landsleute, Volk von London, hört mich an:
Ihr denkt, der König ist's; *der* ist es nicht,
Der fühlt wie wir. Das Unglück kommt von drüben,
Von Frankreich kommt's und nennt sich *Kön'gin-Mutter*.
Und dazu *Medici*. Ein schlimmer Name.
Papistisch alle, Gott dem Herrn ein Greul,
Am meisten aber sie, das blut'ge Buhlweib,
Das Frankreichs Thron befleckte: *Katharina*.
Landsleute, tretet näher, hört mich an,
Von diesem Buhlweib will ich euch erzählen.

Bluthochzeit feierte die Stadt Paris,
Der Glocke Zeichen war in Nacht verklungen,
Und durch die Straßen, wie gehetztes Wild,
Wehschreiend, betend, floh der Hugenott.
Schon zog ein Blutstreif durch den Seine-Fluß,
Schon lag verstümmelt, siebenfach durchbohrt,
Auf offnem Platz der greise Coligny,
Und immer noch, den Mord zum Morde mahnend,
»Laßt Ader!« schrie der tückische Tavannes.
Im Schlosse aber, das sie Louvre nennen,
An jener hohen Bogenfenster einem,
Stand König Karl, der neunte seines Namens,
Und zitterte. Der ungeheure Frevel
Griff ihm ins Herz. Trotz Licht und Fackelglanz
Nacht war's um ihn. Er warf die Büchse fort:
»Ich *kann* nicht schießen, Mutter!« rief der König.
Da trat sie selber vor, schwarz war ihr Haar,
Schwarz wie der Sammet ihres Schleppenkleides,
Und ihrem Aug' entflammte tiefre Glut
Als dem Rubin, der ihr am Nacken blitzte.
»Bist du ein Mann?« so raunte sie ihm zu,
»Ein König und so feig? ich mag's nicht glauben.«
Das zündete. Der Fürst - in falscher Scham

Ergriff er neu das Rohr, sie aber rief:
»Schau dort das Weib, das Hugenottenweib,
Sie flieht und birgt den Säugling an der Brust,
Zertritt das Raupennest! Der König schoß;
Ein Wehschrei klang herauf; sie aber klatschte
Dem Schützen Beifall ...
Katharina hieß sie.

Die unsre heißt *Marie*. Das ist das Ganze –
Sonst *Medici*, die damals und die heute.«

Die Stuarts

(Puritaner-Lied)

Sie dünken nach Gnad' und göttlichem Recht
Sich dieses Landes Erben,
Und sind doch ein verloren Geschlecht
Und müssen alle sterben.

Sie machten von je den sündigen Leib
Zum Herrscher ihrer Seelen –
Ihre Ahnfrau war das Babelweib,
Von dem die Bücher erzählen.

Sie mußten zweimal das Schafott
Mit ihrem Blute färben,
Doch unversöhnt ist unser Gott:
Sie müssen *alle* sterben.

Sie konnten errichten Jehovahs Thron,
Sie sind zu schwach befunden,
Nun klopfen an Tür und Tore schon
Ihres Hauses letzte Stunden.

Es kommt ein Wetter, es braust ein Strom,
Die Lüge muß verderben –
Die Stuarts stehen all zu Rom
Und müssen alle sterben.

Cromwells letzte Nacht

Mir sagt's nicht nur des Arztes ernste Miene,
Selbst fühl' ich's: meine Stunden sind gezählt ...

Ein wüster Traum war's! Wüßt' ich, diese Nacht
Wird mir der Schlaf ein gleiches Schrecknis bringen,
So möchte diese Stunde noch der Tod
Statt jenes Stuart an mein Lager treten.
Ernst stand er vor mir; um den nackten Hals
Trug, statt des Schmucks, er einen roten Streifen,
Und als er, wie vordem, zu leichtem Gruß
Nach dem Barett auf seinem Haupte faßte,
Nahm er den Kopf von seinem blut'gen Rumpf.
Mein Auge schloß sich; als ich's scheu geöffnet,
Sah wieder ich den purpurfarbnen Streifen,
Er winkte mit dem Finger mir zu folgen,
Und schwand dann, rückwärts schreitend, in der Tür.

Was schreckt das Traumbild mich des toten Mannes
Und weckt in mir den alten Aberglauben
An eines Königs Unverletzlichkeit?
Das Schwert des Henkers wär' wie Glas zersprungen,
Wenn Gottes Will' ihn unverletzlich schuf.
Der kühne Normann, der bei Hastingsfield
Den König Harald in den Staub geworfen,
Was war er Beßres als der Cromwell heut,
Der jenen Karl bei Marston-Moor geschlagen?

Es soll nicht mehr dies blut'ge Haupt mich schrecken!
Daß ich mein Tun mit seinem Tod besiegelt,
Es war Notwendigkeit; er mußte sterben,
Es war sein Blut der Mörtel meines Baus.

Ich sah das Schiff, vom Sturm umhergeschlagen,
Der Klippe nah, an der es scheitern mußte,
Und sprang hinzu – von seinem Platze drängt' ich
Den schwachen Steurer, und mit fester Hand

Bracht' ich das Schiff, geborgen, in den Hafen.
Es war noch immer, wo es galt zu retten,
Das Recht des Stärkern nicht das schlechtste Recht.

Wenn in die Sendung, die an mich ergangen,
Sich Selbstsucht, Stolz und Eitelkeit gemischt,
So weißt du, Gott, der meine Nächte kennet,
Wie für die Schwachheit bitter ich gebüßt.
Mein Leben war das Leben des Tyrannen;
Ob nimmer auch in Blut ich mich gebadet,
Haß fand ich dort, wo festen Arms ich drückte,
Und *Eifersucht*, wo milden Arms ich hob.

Erfüllt ist, was ich mußte; Gott, ich wollte,
Des Mannes Blut wär' nicht an meinen Händen!
Hab' ich gefehlt, sei mir ein gnäd'ger Richter –
In deine Hand befehl' ich meinen Geist.

Thomas Harrison

»Harrison, du zitterst?«

»Ich zittre nicht von verlorenem Mut,
Ich zittre von all dem verlorenen Blut,
Von all dem Blute, das ich verlor
Bei Edgehill, Nasby und Marston-Moor,
Das ich verlor im Kampf wider euch –
Ich zittre *nicht* vor dem Todesstreich.«

Lied des James Monmouth

Es zieht sich eine blutige Spur
Durch unser Haus von alters,
Meine Mutter war seine Buhle nur,
Die schöne Lucy Walters.

Am Abend war's, leis wogte das Korn,
Sie küßten sich unter der Linde,
Eine Lerche klang und ein Jägerhorn -
Ich bin ein Kind der Sünde.

Meine Mutter hat mir oft erzählt
Von jenes Abends Sonne,
Ihre Lippen sprachen: Ich habe gefehlt!
Ihre Augen lachten vor Wonne.

Ein Kind der Sünde, ein Stuartkind,
Es blitzt wie Beil von weiten:
Den Weg, den alle geschritten sind,
Ich werd' ihn auch beschreiten.

Das Leben geliebt und die Krone geküßt
Und den Frauen das Herz gegeben,
Und den letzten Kuß auf das schwarze Gerüst -
Das ist ein Stuart-Leben.

Die Hamiltons

oder
Die Locke der Maria Stuart

Lord William kam zu sterben,
Lord William Hamilton;
Er spricht zu seinem Sohne:
»Nun höre mich an, Sir John!

Ich lasse dir Land und Leute,
Unsren Namen und unsren Ruhm,
Und ich lasse dir, mehr als alles,
Dieser Locke Heiligtum.

Ich sah die Locke fallen,
Ich hörte der Schere Schnitt –
Und als Maria gebetet,
Da betete leis ich mit.

Da hab' ich still geschworen:
Zu tragen in Leid und Lust,
Zu tragen in Jubel und Tränen
Diese Locke auf der Brust.

Ich hab' sie in Tränen getragen
Und lass' erst im Tode davon –
Für die Stuarts zu leben und sterben,
Das schwör' auch du, Sir John.«

Lord William hat es gesprochen,
Sir John hat's treu gemeint:
Erst barg er still die Locke,
Dann hat er still geweint.

Er trug sie zwanzig Jahre,
Und als sein Stündlein kam,
Er mit des Vaters Worten
Die Locke vom Herzen nahm.

Er gab sie seinem Sohne,
Und der Sohn dem Enkel dann,
Ihr Erbteil war die Treue
Und der Locke Talisman.

Und als auf blinkendem Zelter
König James gen London zog,
Und als auf schwarzem Schafotte
Karls Haupt vom Rumpfe flog,

Und als an der Boyne wieder
»Stuart« das Feldgeschrei, –
In Lust und Leid, die Locke
Und die Hamiltons waren dabei.

Und waren dabei zuletzt auch,
Als auf Cullodens Plan
Ihre Augen das Distelbanner
Noch einmal flattern sahn.

's war wieder ein Lord William
Und wieder ein Sir John,
Ein Alter und ein Junger,
Doch jeder ein Hamilton.

Der Junge focht zu Fuße,
Der Alte focht zu Roß,
Bis eine englische Kugel
Ihn aus dem Sattel schoß.

Hin reicht' er seinem Sohne
Die Locke, rot von Blut,
Er hatte nicht Zeit zu sprechen,
Er sprach nur: »Wahre sie gut!«

Er wahrte sie gut, der Junge,
Manchen Mond und manches Jahr,

Der Junge ward ein Alter –
Das Herz blieb, wie es war.

Und als in letzten Tagen
Ihm Kunde kam ins Haus:
»Sie trugen im fernen Süden
Den *letzten* Stuart hinaus«,

Da sprach er, als er sterbend
Seinem Sohne die Locke gab:
»Die Stuarts sind gestorben,
Doch die Treue kennt kein Grab.«

Und siehe, die Hamiltons wahren
Bis heut ihren alten Ruhm,
Doch eines mehr als alles:
Der Locke Heiligtum.

General Sir John Moores Begräbnis

(Rückzug von Corunna, 1809)

Kein Trommelwirbel, kein Grablied hohl,
Als wir an den Wallrand lenkten,
Kein Schuß rief über ihn hin: »Fahr wohl«,
Als wir ihn niedersenkten;
Wir senkten ihn nieder um Mitternacht,
Sein Grab, ohne Prunk und Flimmer,
Wir hatten's mit Bajonetten gemacht,
Bei Mond- und Windlicht-Schimmer.

Viel Zeit zum Beten hatten wir nicht,
Nicht Zeit zu Klagen und Sorgen,
Wir starrten dem Toten ins Angesicht
Und dachten: ›Was nun morgen?‹
Kein Grabtuch da, kein Priester nah,
Kein Sterbekleid und kein Schragen,
Wie ein schlafender Krieger lag er da,
Seinen Mantel umgeschlagen.

Und kaum noch, daß unser Tun vollbracht,
Heim rief uns die Glock' von den Schiffen,
Und über uns hin jetzt, durch die Nacht,
Des Feindes Kugeln pfiffen;
So ließen wir ihn auf *seinem* Feld,
Blutfeucht von Heldentume,
Da liegt er und schläft er *allein*, unser Held,
Allein mit seinem Ruhme.

Wir dachten, als wir den Hügel gemacht
Über seinem Bette der Ehre:
›Bald drüber hin zieht Feindes Macht,
Und wir – weit, weit auf dem Meere;
Sie werden schwätzen viel auf und ab
Von Ehre, die kaum gerettet –

Doch nichts von allem dringt in sein Grab,
Drin wir Britischen ihn gebettet.‹

Walter Scotts Einzug in Abbotsford

Sir Walter, er zieht von Edinburg her
Gen Abbotsford, das noch öd' und leer,
Drum führt er mit sich, für Hof und Haus,
Was ein Schloßherr braucht jahrein jahraus:
Kisten und Kasten, groß und klein,
Diener, Doggen und Papagein,
Und dazwischen *alles*, was jahrelang
Er altertümernd erwarb, errang –
Für ein Museum übergenug,
Ein Dreiundzwanzigwagenzug.

Der *erste* Wagen, erinnerungsvoll
Ist er an Bruce und Balliol:
Ein Steinkreuz, ein Kamm, eine Totenurn',
Alles vom Felde von Bannockburn,
Auch ein Lehnschwert mit Runenschrift auf und ab,
Das König Robert dem Douglas gab.

Auf dem *zweiten*: ein Felsstück aus dem Donjon,
Drin gefangen saß Richard Coeur de Lion,
Eine Harfe von Blondel (neu zu beziehn),
Ein Säbel von Sultan Saladin,
Eschenbogen und Tartsche von Robin Hood
Und ein Stock Bruder Tucks aus dem Nottingham-Wood.

Und auf dem *dritten*, von Nancy her,
Das Zelt von Charles le Téméraire,
Der Spieß, der dem Herzog, eh' er's gedacht,
Von Bauernhand den Tod gebracht;
Barbierzeug (Becken von goldener Bronze)
– Prachtstück aus den Tagen von Louis onze –
Zuletzt auch die Leiter, drauf, Strick in Hand,
Ehren-Tristan des Winks gewärtig stand.

Dann, bunt durcheinander, aus Heimat und Fremd',
Erzne Schienen und ein Kettenhemd,

Ein blutroter Mantel von Meister Hans,
Ein Dragonersattel von Preston-Pans,
Spinnrad und Spule von Königin Maud,
Inful und Krummstab von Erzbischof Laud,
Zwei Bildnisse, Kreid' und in Pastell,
Von der weißen Dame von Avenell,
Eine Spitzenkrause, die Darnley trug,
Eine dito von Bothwell, der Darnley erschlug,
Eine Schildpattwiege, drin *einen* Tag,
(Als man sie taufte) Queen Mary lag,

Ihr Hinrichtungsblock aus Fotheringhay,
Gebetbuch der Johanna Gray,
Kanzel und Sanduhr von John Knox,
Eine Riesenperücke des älteren Fox,
Eine Cromwell-Pistole mit Kugel im Lauf,
Von Floddenfield ein verrosteter Knauf,
Auf türmt sich's (und mehr noch) Zoll um Zoll,
Dreiundzwanzig Wagen voll.

Und auf dem letzten, sonnumblitzt,
Sir Walter selber, ein Glücklicher, sitzt,
Er lächelt und träumt und führt im Geist
Den Stab schon, der allem die Stelle weist.
Eine Stelle find't jedes irgendwo,
Sei's in Quentin Durward, in Ivanho,
Eine Stelle find't jedes, früh oder spat,
In Abt oder Kloster oder Pirat,
Eine Stelle haben, finden sie,
Sei's in Woodstock oder in Waverlie.

Requisitenkammer, Schatzkammer noch mehr,
So kommt der Zug von Edinburg her.
Dreiundzwanzig Wagen. Nun ladet ab
Und, Sir Walter, schwinge den Zauberstab!

Walter Scott in Westminster-Abtei

Ganz London flaggt und jubelt und rennt:
»Heut wird er König, der Prinz-Regent!«
Schon wartet seiner die Klerisei
Vorm Altar der Westminster-Abtei,
Vorm Eingang aber, in Plaid und Kilt
Und im Helme, draus der Helmbusch quillt,
Über den Platz hin, zieht Spalier
Das Regiment *Schottische Füsilier*!

Und wie gefegt der ganze Plan.
Wer aber die zwei, die da sich nahn?
Sie hoffen auf Zutritt, auf Gunst und Glück;
Umsonst. Kommandoruf: »Zurück!«
Und die Menge, sie lacht, und der eine wird bleich,
Aber der andre: »Dacht' es gleich;
Das alte Lied vom Schaden und Spott,
Lachen wir mit, *Sir Walter Scott!*«

Und sieh, eh' noch der Name verklang,
In die Front ein blutjunger Fähnrich sprang,
Seinen Degen senkt salutierend er:
»Richt't euch; präsentiert das Gewehr!
Hoch König Georg und segn' ihn Gott,
Aber Platz, Füsiliers, für Sir Walter Scott!«

Der Weg ist offen, der Weg ist frei,
Sir Walter betritt die Westminster-Abtei.
Die Schotten flüstern: »Das war er!«

Der Krönungszug kam weit hinterher.

Das Trauerspiel von Afghanistan

Der Schnee leis stäubend vom Himmel fällt,
Ein Reiter vor Dschellalabad hält.
»Wer da!« - »Ein britischer Reitersmann,
Bringe Botschaft aus Afghanistan.«

»Afghanistan!« er sprach es so matt;
Es umdrängt den Reiter die halbe Stadt,
Sir Robert Sale, der Kommandant,
Hebt ihn vom Rosse mit eigener Hand.

Sie führen ins steinerne Wachthaus ihn,
Sie setzen ihn nieder an den Kamin,
Wie wärmt ihn das Feuer, wie labt ihn das Licht,
Er atmet hoch auf und dankt und spricht:

»Wir waren dreizehntausend Mann,
Von Kabul unser Zug begann,
Soldaten, Führer, Weib und Kind
Erstarrt, erschlagen, verraten sind.

Zersprengt ist unser ganzes Heer,
Was lebt, irrt draußen in Nacht umher,
Mir hat ein Gott die Rettung gegönnt,
Seht zu, ob den Rest ihr retten könnt.«

Sir Robert stieg auf den Festungswall,
Offiziere, Soldaten folgten ihm all,
Sir Robert sprach: »Der Schnee fällt dicht,
Die uns suchen, sie können uns finden nicht.

Sie irren wie Blinde und sind uns so nah,
So laßt sie's *hören*, daß wir da,
Stimmt an ein Lied von Heimat und Haus,
Trompeter, blast in die Nacht hinaus!«

Da huben sie an und sie wurden's nicht müd',
Durch die Nacht hin klang es Lied um Lied,
Erst englische Lieder mit fröhlichem Klang,
Dann Hochlandslieder wie Klagegesang.

Sie bliesen die Nacht und über den Tag,
Laut, wie nur die Liebe rufen mag,
Sie bliesen - es kam die zweite Nacht,
Umsonst, daß ihr ruft, umsonst, daß ihr wacht.

Die hören sollen, sie hören nicht mehr,
Vernichtet ist das ganze Heer,
Mit dreizehntausend der Zug begann,
Einer kam heim aus Afghanistan.

Der Tower-Brand

Wenn's im Tower Nacht geworden, wenn die Höfe leer und stumm,
Gehn die Geister der Erschlagnen in den Korridoren um,
Durch die Lüfte bebt Geflüster klagend dann, wie Herbsteswehn,
Mancher hat im Mondenschimmer schon die Schatten schreiten sehn.

Vor dem Zug, im Purpurmantel, silberweiß von Bart umwallt,
Schwebt des sechsten Heinrichs greise, gramverwitterte Gestalt,
Lady Gray dann, mit den Söhnen König Edwards an der Hand –
Leise rauscht der Anna Bulen langes seidenes Gewand.

Zahllos ist das Heer der Geister, das hinauf, hinunter schwebt,
Das da murmelt: »Fluch dir, Tower, dran das Blut der Unschuld klebt;
Schutt und Trümmer sollst du werden!« Aber machtlos ist ihr Fluch,
Ehern hält den Bau zusammen böser Mächte Zauberspruch.

Wieder nachtet's, wieder ziehn sie durch die Räume still und weit,
Plötzlich stockt der Zug und schart sich um ein glimmend Tannenscheit,
Dann geschäftig tragen Schnitzwerk, Fahnen, Fransen sie herzu,
Und zur hellen Flamme schüren sie die matte Glut im Nu.

Wie das prasselt, wie das flackert! Einen sprüh'nden Feuerbrand
Nehmen sie zum nächt'gen Umzug jetzt als Fackel in die Hand,
Weithin wird die Saat der Funken in den Zimmern ausgestreut,
Flammen sollen draus erwachsen; hei, der Fluch erfüllt sich heut!

Alles schläft; doch auf vom Lager springt im Nu der rasche Sturm,
Und er wirft sich in das Feuer, und das Feuer in den Turm,
An des Towers Felsenwände peitscht er schon das Flammenmeer,
Und den Segen drüber sprechend, wogt auf ihm das Geisterheer.

Doch, als ob das Salz der Tränen feuerfest die Wände macht,
Wie wenn Blut der beste Mörtel, den ein Meister je erdacht –
Seht, wie durstig auch die Flamme sich von Turm zu Turme wirft,
Hat sie doch, als wären's Becher, nur den Inhalt ausgeschlürft.

Wieder, wenn es Nacht geworden, wenn's im Tower leer und stumm,
Gehn die Geister der Erschlagnen in den Korridoren um,
Durch die Lüfte weht Geflüster, klagend dann wie Herbsteswehn,
Mancher wird im Mondenschimmer noch die Schatten schreiten sehn.

Balaklawa

Der Angriff der Leichten Brigade,

25. Oktober 1854

(Frei nach Alfred Tennyson)

»Eine halbe Meil', eine halbe Meil',
Auf Sattel und Schabracke,
Vor, in Sturmeseil',
Vor, zur Attacke.
Zählt nicht der Kanonen Zahl,
Hinein, hinein ins Todestal ...«
(Alle hören's verwundert)
»Vorwärts, Leichte Brigade, vor« -
Und hinein ins Feuer- und Höllentor
Reiten die Sechshundert.

Leichte Brigade, der Siegespreis
Ist heute hoch, ist heute heiß,
Aber kein Murren, nicht laut, nicht leis,
Keines, obwohlen ein jeder weiß,
's ward irgendwo geblundert -
Vorwärts; sie fragen und zagen nicht,
Vorwärts; sie wanken und schwanken nicht,
Vorwärts, gehorchen ist einzige Pflicht,
Ins Todestal,
In voller Zahl,
Reiten die Sechshundert.

Vorwärts! Kanonen rechts und links,
Kanonen in *Front*, gewärtig des Winks,
Selbst die Feinde sehen's verwundert.
Schrapnell und Kartätschenschuß,
Todesgruß und Todeskuß,
Falle, was da fallen muß,
In den Höllenrachen, ins Todestal,

Noch voll in Zahl,
Reiten die Sechshundert.

Säbel heraus! Die Klingen fein
Blinken und blitzen im Sonnenschein,
Und die Leichte Brigade, nun ist sie hinein,
Fast über sich selber verwundert;
Ihre Säbel, in Rauch und Pulverqualm,
Singen manch einem den letzten Psalm,
Aber endlich, aus Qualm und Rauch
Und ermattet bis auf den letzten Hauch,
Abgejagt und abgehetzt,
Müssen sie rückwärts, rückwärts jetzt -
Nicht mehr Sechshundert.

Kanonen rechts, Kanonen links,
Kanonen im Rücken, gewärtig des Winks;
Verdoppelt jetzt Salv' um Salve kracht,
Rückwärts, rückwärts wogt die Schlacht,
Und wen es aus dem Sattel schoß,
Den Reiter zertritt sein eigen Roß,
Das Fahnentuch mit flatterndem Band
Geht schon in dritt' und vierte Hand,
Ist zerschossen und zerzundert,
Der Tod mäht rascher von Schritt zu Schritt,
Leichte Brigade, was bringst du noch mit?
Dein Siegesritt war ein Todesritt,
Ein Todesritt der Sechshundert.

Wird je verblassen euer Ruhm?
Nimmer. Ihr strahlt in Heldentum,
Und die Welt, sie staunt und wundert.
Hoch unsre Balaklawa-Schlacht,
Und die Leichte Brigade, die's gemacht,
Hoch die Sechshundert!

Volkslied

(In den Londoner Straßen gesungen im Winter 1855)

All, die ihr schlaft auf Dunen, behaglich, wohlgemut,
Denkt unsrer armen Brüder, die kalt sind bis aufs Blut,
Die in den Gräbern liegen, krank, hungrig, starr und stumm,
Die Blüte unsres Landes, im Schlammbett kommt sie um.

Vom Balaklawa-Hafen bis an die Stadt heran,
Vor Karren und Geschützen sie selber als Gespann,
So haben sie's gehalten, dann kam die stille Nacht,
So viele gingen schlafen, so wenig sind erwacht.

Ich hört' ein Mädchen klagen, sie rief: »Was fang' ich an?
Mein Vater liegt und schlummert im Tal von Inkerman,
Mein Bruder liegt verwundet, genesen wird er nie,
Es kann kein Christ genesen in jenem Skutari.«

Gott, schütze unsre Brüder mit deiner mächt'gen Hand,
Leih ihnen Sieg und führe sie heim ins Vaterland,
Beschütz' auch, was sie lieben, Weib, Vater, Mutter, Kind,
Und sei ein Tröster aller, die schweren Herzens sind.

Die Brück' am Tay

(28. Dezember 1879)

When shall we three meet again?
Macbeth

»Wann treffen wir drei wieder zusamm?«
»Um die siebente Stund', am Brückendamm.«
»Am Mittelpfeiler.«

»Ich lösche die Flamm.«
»Ich mit.«

»Ich komme vom Norden her.«
»Und ich vom Süden.«
»Und ich vom Meer.«

»Hei, das gibt einen Ringelreihn,
Und die Brücke muß in den Grund hinein.«

»Und der Zug, der in die Brücke tritt
Um die siebente Stund'?«
»Ei, der muß mit.«
»Muß mit.«

»Tand, Tand
Ist das Gebilde von Menschenhand!«

Auf der *Norderseite*, das Brückenhaus –
Alle Fenster sehen nach Süden aus,
Und die Brücknersleut' ohne Rast und Ruh
Und in Bangen sehen nach Süden zu,
Sehen und warten, ob nicht ein Licht
Übers Wasser hin »Ich komme« spricht,
»Ich komme, trotz Nacht und Sturmesflug,
Ich, der Edinburger Zug.«

Und der Brückner jetzt: »Ich seh' einen Schein
Am anderen Ufer. Das muß er sein.
Nun, Mutter, weg mit dem bangen Traum,
Unser Johnie kommt und will seinen Baum,
Und was noch am Baume von Lichtern ist,
Zünd' alles an wie zum heiligen Christ,
Der will heuer *zweimal* mit uns sein, –
Und in elf Minuten ist er herein.«

Und es war der Zug. Am *Süder*turm
Keucht er vorbei jetzt gegen den Sturm,
Und Johnie spricht: »Die Brücke noch!
Aber was tut es, wir zwingen es doch.
Ein fester Kessel, ein doppelter Dampf,
Die bleiben Sieger in solchem Kampf.
Und wie's auch rast und ringt und rennt,
Wir kriegen es unter, das Element.

Und unser Stolz ist unsre Brück';
Ich lache, denk' ich an früher zurück,
An all den Jammer und all die Not
Mit dem elend alten Schifferboot;
Wie manche liebe Christfestnacht
Hab' ich im Fährhaus zugebracht
Und sah unsrer Fenster lichten Schein
Und zählte und konnte nicht drüben sein.«

Auf der Norderseite, das Brückenhaus –
Alle Fenster sehen nach Süden aus,
Und die Brücknersleut' ohne Rast und Ruh
Und in Bangen sehen nach Süden zu;
Denn wütender wurde der Winde Spiel,
Und jetzt, als ob Feuer vom Himmel fiel',
Erglüht es in niederschießender Pracht
Überm Wasser unten ... Und wieder ist Nacht.

»Wann treffen wir drei wieder zusamm?«
»Um Mitternacht, am Bergeskamm.«
»Auf dem hohen Moor, am Erlenstamm.«

»Ich komme.«
»Ich mit.«
»Ich nenn' euch die Zahl.«
»Und ich die Namen.«
»Und ich die Qual.«
»Hei!
Wie Splitter brach das Gebälk entzwei.«

»Tand, Tand
Ist das Gebilde von Menschenhand.«

John Maynard

John Maynard!

»Wer ist John Maynard?«

»John Maynard war unser Steuermann,
Aus hielt er, bis er das Ufer gewann,
Er hat uns gerettet, er trägt die Kron',
Er starb für uns, unsre Liebe sein Lohn.
John Maynard.«

Die »Schwalbe« fliegt über den Eriesee,
Gischt schäumt um den Bug wie Flocken von Schnee,
Von Detroit fliegt sie nach Buffalo –
Die Herzen aber sind frei und froh,
Und die Passagiere mit Kindern und Fraun
Im Dämmerlicht schon das Ufer schaun,
Und plaudernd an John Maynard heran
Tritt alles: »Wie weit noch, Steuermann?«
Der schaut nach vorn und schaut in die Rund':
»Noch dreißig Minuten ... Halbe Stund«.

Alle Herzen sind froh, alle Herzen sind frei –
Da klingt's aus dem Schiffsraum her wie Schrei,
»Feuer!« war es, was da klang,
Ein Qualm aus Kajüt' und Luke drang,
Ein Qualm, dann Flammen lichterloh,
Und noch zwanzig Minuten bis Buffalo.

Und die Passagiere, buntgemengt,
Am Bugspriet stehn sie zusammengedrängt,
Am Bugspriet vorn ist noch Luft und Licht,
Am Steuer aber lagert sich's dicht,
Und ein Jammern wird laut: »Wo sind wir? wo?«
Und noch fünfzehn Minuten bis Buffalo.

Der Zugwind wächst, doch die Qualmwolke steht,
Der Kapitän nach dem Steuer späht,
Er sieht nicht mehr seinen Steuermann,
Aber durchs Sprachrohr fragt er an:
»Noch da, John Maynard?«
»Ja, Herr. Ich bin.«
»Auf den Strand! In die Brandung!«
»Ich halte drauf hin.«
Und das Schiffsvolk jubelt: »Halt aus! Hallo!«
Und noch zehn Minuten bis Buffalo.

»Noch da, John Maynard?« Und Antwort schallt's
Mit ersterbender Stimme: »Ja, Herr, ich halt's!«
Und in die Brandung, was Klippe, was Stein,
Jagt er die »Schwalbe« mitten hinein.
Soll Rettung kommen, so kommt sie nur *so*.
Rettung: der Strand von Buffalo.

Das Schiff geborsten. Das Feuer verschwelt.
Gerettet alle. Nur *einer* fehlt!

Alle Glocken gehn; ihre Töne schwell'n
Himmelan aus Kirchen und Kapell'n,
Ein Klingen und Läuten, sonst schweigt die Stadt,
Ein Dienst nur, den sie heute hat:
Zehntausend folgen oder mehr,
Und kein Aug' im Zuge, das tränenleer.

Sie lassen den Sarg in Blumen hinab,
Mit Blumen schließen sie das Grab,
Und mit goldner Schrift in den Marmorstein
Schreibt die Stadt ihren Dankspruch ein:
»Hier ruht John Maynard! In Qualm und Brand
Hielt er das Steuer fest in der Hand,
Er hat uns gerettet, er trägt die Kron',
Er starb für *uns*, unsre Liebe sein Lohn.
John Maynard.«

Goodwin-Sand

Das sind die Bänke von Goodwin-Sand,
Sie sind nicht Meer, sie sind nicht Land,
Sie schieben sich, langsam, satt und schwer,
Wie eine Schlange hin und her.

Und die Schiffe, die mit dem Sturm gerungen
Und die schäumende Wut der Wellen bezwungen,
Und die gefahren über die Welt,
Unzertrümmert, unzerschellt,
Sie sehen die Heimat, sie sehen das Ziel,
Da schiebt sich die Schlange unter den Kiel
Und ringelt Schiff und Mannschaft hinab,
Zugleich ihr Tod, zugleich ihr Grab.

Die See ist still, die Ebb' ist nah,
Mastspitzen ragen hier und da,
Und wo sie ragen in die Luft,
Da sind es Kreuze über der Gruft;
Ein Kirchhof ist's, halb Meer, halb Land –
Das sind die Bänke von Goodwin-Sand.

Lieder und Balladen frei nach dem Englischen

Jung-Musgrave und Lady Barnard

Jung-Musgrave trat in die Kirche,
Sein Kleid war gold und blau;
Er grüßte die schönen Frauen,
Nicht so Unsre liebe Frau.

Er sah sich um im Kreise,
Nur eine fehlte noch;
Ein trat da Lady Barnard,
Das war die schönste doch.

Ihr Auge fiel auf Musgrave,
Ihr Auge wie Sonnenschein,
Da fühlte des Knaben Herze:
Der Lady Herz ist dein.

Sie flüsterte: »Jung-Musgrave,
Ich liebe dich seit lang!«
»So tat ich, liebe Lady,
Nur war mein Wort zu bang.«

»Ich hab' ein Haus im Walde,
Verschwiegen und bewacht,
Und willst du kommen, Jung-Musgrave,
Jung-Musgrave, so komm heut nacht!«

Den Knaben überlief es,
Als habe sie ihn geküßt,

Er sprach: »Ich komme, lieb' Lady,
Und wenn ich sterben müßt.«

Das hörte der Lady Läufer,
Nicht lang er so stund und sann:
»Und bin ich Myladys Läufer,
So bin ich Mylords Mann!«

Er sprach es und lief waldeinwärts,
Lief über das Heideland;
Die Sterne standen am Himmel,
Als vor dem Schloß er stand.

»Wach auf, wach auf, Lord Barnard,
Deine Ehr' ist krank und wund;
Jung-Musgrave und deine Lady,
Die küssen sich zur Stund'.

Sie küssen sich im Walde
In deines Försters Haus –
Laß satteln, Mylord Barnard,
Und komm und reite hinaus.«

Der Lord fuhr auf vom Lager:
»Lieber Läufer, sprichst du wahr,
Mein Forst und meine Äcker
Sind deine auf ein Jahr.

Doch hast du falsch gesprochen,
Oder trog dich falscher Schein,
An den höchsten Baum im Walde
Sollst du gehangen sein!

Auf, auf, meine Mannen alle,
Und sattelt mein schnellstes Tier,
Oft sind wir rasch geritten,
Heut reiten rascher wir.«

Hin ging es über die Heide,
Lord Barnards Horn erklang -
Jung-Musgrave küßte die Lady,
Er küßte sie so bang.

»Ich hör' es von fernher klingen, -
Das ist keine Wachtel im Korn,
Das ist kein Häher im Walde,
Das ist Lord Barnards Horn!«

»Gib mir die Hand, Jung-Musgrave,
Deine Lippen sind so kalt -
's ist Pfeif' und Horn des Hirten,
Was über die Heide schallt.

Dein Falk' hat Schellen und Bänder,
Dein Roß hat Streu und Korn,
Und du - du hast mich selber,
Was kümmert dich Pfeif' und Horn?‹«

Und als sie das gesprochen,
Lord Barnard hält davor -
Er hatte drei silberne Schlüssel,
Die schlossen Tür und Tor.

Er schob zurück den Vorhang,
Zorn schüttelte seinen Leib;
»Sag an, sag an, Jung-Musgrave,
Wie findest du mein Weib?«

»Ich finde sie süß, Lord Barnard,
Ich finde sie süß und traut,
Und schliefe doch lieber im Walde
Bei Ginster und Heidekraut.«

»Steh auf, steh auf, Jung-Musgrave,
Leg Kleid und Waffen an,

Steh auf, ich mag nicht töten
Einen unbewehrten Mann.

Und hast du keine Waffen,
Ich hab' zwei Klingen hier,
Nimm du die beste und längste
Und laß die kürzeste mir.«

Jung-Musgrave schlug zum ersten,
Er traf Lord Barnard gut,
Lord Barnard schlug zum zweiten,
Da lag der Knab' im Blut.

Die Lady warf sich auf ihn:
»Leb wohl mein süßer Knab',
Will beten für deine Seele,
Solang' ich Leben hab'.«

»Dann bete schnell, lieb' Lady,
Und bete für dich mit!«
In ihren weißen Nacken
Die rote Klinge schnitt.

Lord Barnard stieg zu Rosse,
Auf glomm der erste Schein:
»Begrabt sie beieinander-
Ein Grab und einen Stein!«

Lord Barnard ritt von dannen,
Sah starr ins Morgenlicht:
»Die Ehre ist genesen,
Mein Herze ist es nicht!«

Das Douglas-Trauerspiel

»Zu Roß, Mylord! leg Waffen an
Und räch' unsres Hauses Schmach;
Lord William entführt unsre Tochter -
Auf, auf, und den Flüchtigen nach.

Und zu Roß! meine sieben Söhne,
Und hinaus, und hinein in die Nacht,
Und eurer jüngsten Schwester
Habet besser Acht!«

Lady Douglas rief's. Sie fuhren all' auf,
Legten Helm und Waffen an:
Lord William und Lady Margret,
Die waren noch kaum von dann.

Er hob sie auf ein milchweiß Roß,
Ein Jagdhorn zu Seiten ihm hing,
Einen Apfelschimmel bestieg er selbst,
Und über die Heid' es ging.

Oft, über die linke Schulter hinweg,
Im Reiten er rückwärts sah,
Den Alten und seine Söhne
Ansprengen sah er da.

»Steig' ab, steig' ab, liebe Lady mein,
Und nimm mein Roß an die Hand,
Deinem Vater und deinen Brüdern
Muß ich nun halten Stand.«

Sie nahm sein Roß; hernieder rann
Keine Träne auf den Hag,
Bis neben ihren Brüdern
Ihr Vater im Blute lag.

»Halt ein, halt ein, Lord William,
Deine Streiche treffen zu schwer,
Ich fände wohl manchen Liebsten noch,
Einen Vater nimmermehr.«

Sie nahm aus dem Mieder ein weißes Tuch
Von niederländischem Lein,
Sie wusch ihres Vaters Wunden damit,
Die waren röter als Wein.

»Nun wähle, lieb' Lady, und wähle schnell:
Willst du gehn oder bleiben, sprich!«
»Ich will mit dir gehn, ich muß mit dir gehn,
Ich habe ja nur noch dich.«

Er hob sie auf ihr milchweiß Roß,
Auf der Heide lag Vollmondschein;
Seinen Apfelschimmel bestieg er selbst,
Und so ritten sie querfeldein.

Sie ritten feldein bei Mondenschein,
Im Schritt halb, halb im Trab;
Und als sie kamen an einen Quell,
Da stiegen sie langsam ab.

Sie wollten trinken; vorüber rann
Wie Silber die klare Flut,
Und als sich Lord William bückte,
Da wurde sie rot von Blut.

»Halt an, halt an, Lord William,
Du bist wund bis auf den Tod!«
»Es ist mein Scharlachmantel,
Der scheint im Wasser so rot. «

Sie ritten feldein bei Mondenschein,
Im Schritt halb, halb im Trab,

Und als sie kamen an sein Schloß,
Da stiegen sie langsam ab.

»Steh' auf, steh' auf, liebe Mutter mein,
Steh' auf und öffne das Tor,
Ich hab' mein Lieb gewonnen,
Und wir halten beide davor.

Und mache mein Bett, liebe Mutter,
Und ein zweites dicht daran;
Lady Margret muß dicht bei mir sein,
Auf daß ich schlafen kann.«

Lord William starb vor Mitternacht,
Lady Margret vor Tagesfrüh;
Man trug sie nach Sankt Marien hin,
Da standen drei Tage sie.

Er wurde begraben im Kirchenschiff
Und sie in der Halle vorn,
Eine Rose wuchs aus ihrem Grab,
Aus seinem ein Hagedorn.

Sie wuchsen hoch am Gewölb entlang,
Als wären sie gern sich nah,
Und jeder sagte: »Zwei Liebende sind's!«
Wer sie so wachsen sah.

Bis endlich der schwarze Douglas kam,
Im Herzen Wut und Weh,
Der riß die beiden Sträucher heraus
Und schleuderte sie in den See.

Lord Athol

Lord Athol kniet im Beichtstuhl
Vor dem Bischof von Aberdeen:
»Frommer Bischof, ich fühl' ein Feuer
In Mark und Adern glühn.

O lösch mit Gebet und Gnade
Mir das Feuer im Herzen aus –
Unter weißen Schlehn im Walde
Stand ein einsam Jägerhaus.

Es stand im Wald unter weißen Schlehn,
Seit drei Nächten steht es nicht mehr,
Ich legte Stroh und Reisig
Und Strauchwerk rings umher.

Die Flammen verzehrten alles,
Das Haus und den Mönch und mein Kind,
Sie liebten sich, sie küßten sich,
Ihre Asche hat der Wind.«

Der fromme Bischof von Aberdeen
Hat sich seufzend abgekehrt:
»Lord Athol, ich kann nicht löschen
Das Feuer, das dich verzehrt.

Deiner Tochter stille Asche,
Die hinweht über die Flur,
Sie flüstert von deiner Sünde
Wider Gott und die Natur.

Und die sündige Seele des Mönches,
Die jetzt in Flammen kreist,
Schreit auf über deine Untat
Wider Gott und den heiligen Geist.

Die Schuld hinweg zu waschen,
Hat die Welt nur *einen* Strom –
Brich auf und wirf dich nieder
Vor dem heiligen Vater in Rom.«

Lord Athol nahm eines Pilgers Kleid,
Zog hin über Land und Meer,
Er trat in die Peterskirche –
Viel Tausend knieten umher.

Der Papst, in Gold und Purpur,
Stand da mit verklärtem Gesicht-
Es war am Gründonnerstage,
Wo er Worte des Segens spricht.

Und als er der Segensworte
Allerheiligstes nun begann,
Da begann seine Stimme zu beben,
Und ein Schauer faßte ihn an;

Und der Kelch in seiner Rechten
Entglitt seiner zitternden Hand –
Es rollten die roten Tropfen
Hin über den weißen Sand.

Todblaß der heilige Vater,
Vor Entsetzen stand er da,
Dann hob er mit Macht seine Stimme:
»Ein Verfluchter ist uns nah!

Er hat nicht teil am Segen
Und nicht teil an Christi Huld,
Der Kelch mit dem Blute des Heilands
Erbebte vor seiner Schuld.

Unseliger, flieh! diese Wände,
Sie haben für dich nicht Raum!« –

Lord Athol schwankte von dannen,
Seine Füße trugen ihn kaum.

Er schritt ans Meer, zu Schiffe,
Es kamen Ebb' und Flut,
Die Jahre kamen und gingen,
Im Herzen blieb die Glut.

Er kniete am heiligen Grabe,
Er fuhr über Land und See,
Die Jahre kamen und gingen,
Im Herzen blieb das Weh.

Und heimwärts endlich fuhr er
Über Land und über Meer,
Er trat in Hof und Halle,
Und Hof und Halle war leer.

Im Kamine lag tote Asche,
Drüber hing seines Kindes Bild,
Hing unter Staub und Spinnweb
Und lächelte doch so mild.

Und mild kam's über Lord Athol:
»Ich kenn' eine stille Stell',
Eine einsame Stell' im Walde,
Da bau' ich Kirch' und Kapell'.

Ich bau' sie mit eigenen Händen
Und will schlafen auf Stein und Streu,
Die Stätte, wo ich gefrevelt,
Sei auch Stätte meiner Reu'.«

Und Schloß und Hof und Halle
Verließ er alsobald,
Nacht dämmerte in den Zweigen,
Da schritt er hinab in den Wald.

Er kam an den Platz; über Trümmern
Blühten wieder die weißen Schlehn -
Auf dem Estrich, in grauer Kapuze,
Sah einen Mönch er stehn.

»Knie nieder zur Stell', Lord Athol,
Ich kenn' deine Beichte schon,
Knie nieder zur Stell', Lord Athol,
Und empfange die Absolution.«

»Wer bist du, dessen Freispruch
An dieser Stätte mich sucht?«
»Wer bist du, dessen Freispruch
Wo der heilige Vater flucht?«

»Bin ein Fremdling worden, Lord Athol,
Mein Land ist fern und weit,
Knie nieder zur Stell', knie nieder
Und bete und sei bereit.«

Lord Athol kniete lange,
Tau fiel und Morgenduft,
Der Fremde zerrann in Nebel,
Und der Nebel zerrann in Luft.

Im Walde sangen die Vögel,
An den Zweigen hing Morgenrot,
Lord Athol kniete noch immer -
Sie fanden ihn kalt und tot.

Schön-Margret und Lord William

»Leb wohl, meine süße Margret!
Ich hab' eine stolze Braut,
Morgen mit dem frühsten
Werd' ich ihr angetraut.

Leb wohl, meine süße Margret!
Ich freie die stolze Maid,
Am Kleide trag' ich Hochzeit,
Im Herzen trag' ich Leid.«

Es kam der Hochzeitsmorgen,
Zur Kirche schritt das Paar,
Schön-Margret saß am Fenster
Und strählte ihr blondes Haar.

Sie sah die Braut in Seide,
In Sammet den Bräutigam,
Sie legte schweigend nieder
Den elfenbeinernen Kamm.

Sie schritt zum Strom hinunter
Und brach ein Blümlein da,
Das Blümlein war sie selber -
Ein Fischer sie treiben sah. -

Nun blinken die stillen Sterne
Über dem Hochzeitshaus,
Musik ist längst verklungen,
Die Lichter loschen aus.

Lord William hält in Armen
Die stolze, die braune Maid -
Da horch, was rauscht vorüber
In weißem, wallendem Kleid?

Was stellt sich ihm zu Füßen
Und lächelt in Tränen noch?
Was flüstert ihm zu: »Lieb' William,
Leb wohl, ich liebe dich doch!« -

Auf blitzt die Morgensonne,
Die Vöglein singen vom Baum,
Lord William spricht: »Lieb' Lady,
Ich hatt' einen bösen Traum.

Ich sah zwei rote Rosen,
Und die eine liebt' ich heiß,
Und als ich brach die andre,
Da wurde die eine - weiß.«

Lord William steigt zu Rosse,
Seine Diener reiten mit,
Er weiß nicht, soll er jagen
Oder soll er reiten im Schritt.

Er kommt an Margrets Fenster,
Keine Margret dran zu sehn,
Er tritt in Haus und Halle -
Da wußt' er, was geschehn.

Sieben Brüder stehen schweigend
Um ihrer Schwester Bahr',
Noch blinken Wassertropfen
In ihrem goldnen Haar.

»Ich liebte dich im Leben,
Ich liebe dich im Tod -
Deine Lippen, könnt' ich sie küssen,
Bis daß sie wieder rot!«

Da murrten die sieben Brüder,
Und der älteste sprach laut:

»Lord William, willst du küssen,
So küß deine stolze Braut.«

»Wenn meine Braut ich küsse,
Küß' ich nach Recht sie nur –
Ich brach eurer Schwester Herze,
Doch brach ich keinen Schwur.

Zu Tisch nun, liebe Mannen!
Die Tafel blinkt von Wein,
Morgen mit dem frühsten
Soll neugedeckt sie sein.«

Wohl war sie neugedecket,
Noch eh' der Morgen kam:
Schön-Margret starb aus Liebe,
Lord William starb aus Gram.

Er ward im Chor bestattet,
Und siehe, Schön-Margret auch;
Sein Grab trug einen Weißdorn,
Ihrs einen Rosenstrauch.

Sie wuchsen bis zum Dache
Und reichten sich da die Hand,
Kein Auge sah die beiden,
Das nicht in Tränen stand.

Der Küster hieb sie nieder
Und warf sie in die Flamm,
Sie aber wuchsen wieder-
Treue Liebe kommt zusamm.

Barbara Allen

Es war im Herbst, im bunten Herbst,
Wenn die rotgelben Blätter fallen,
Da wurde John Graham vor Liebe krank,
Vor Liebe zu Barbara Allen.

Seine Läufer liefen hinab in die Stadt
Und suchten, bis sie gefunden:
»Ach, unser Herr ist krank nach dir,
Komm, Lady, und mach' ihn gesunden.«

Die Lady schritt zum Schloß hinan,
Schritt über die marmornen Stufen,
Sie trat ans Bett, sie sah ihn an:
»John Graham, du ließest mich rufen.«

»Ich ließ dich rufen, ich bin im Herbst,
Und die rotgelben Blätter fallen –
Hast du kein letztes Wort für mich?
Ich sterbe, Barbara Allen.«

»John Graham, ich hab' ein letztes Wort,
Du warst mein all und eines;
Du teiltest Pfänder und Bänder aus,
Mir aber gönntest du keines.

John Graham, und ob du mich lieben magst,
Ich weiß, ich hatte dich lieber,
Ich sah nach dir, du lachtest mich an
Und gingest lachend vorüber.

Wir haben gewechselt, ich und du,
Die Sprossen der Liebesleiter,
Du bist nun unten, du hast es gewollt,
Ich aber bin oben und heiter.«

Sie ging zurück. Eine Meil' oder zwei,
Da hörte sie Glocken schallen;
Sie sprach: »Die Glocken klingen für ihn,
Für ihn und für – Barbara Allen.

Liebe Mutter, mach ein Bett für mich,
Unter Weiden und Eschen geborgen;
John Graham ist heute gestorben um mich,
Und ich sterbe um ihn morgen.«

Jung-Walter

Um Weihnachten war's, der Wind blies kalt
Und die Tafelrunde begann,
Da kam an den Hof des Königs
Manch schottischer Rittersmann.

Der König und die Königin
Schauten nieder von ihrem Schloß:
Da sahen sie kommen Jung-Walter,
Jung-Walter hoch zu Roß.

Seine Läufer liefen vor ihm her,
Seine Reiter folgten ihm dicht,
Und sein Mantel wie von Golde
Blitzte im Sonnenlicht.

Und von Golde waren die Decken,
Und die Hufe von Silber hell,
Und das Roß, auf dem Jung-Walter ritt,
War wie der Wind so schnell.

Da sprach ein tückischer Höfling,
Der neben der Königin stand:
»Wer ist der schönste Ritter
In Hoch- und Niederland?«

»Ich habe gesehn viel Lords und Lairds,
Manch schönen Ritters Gesicht,
Einen schöneren als Jung-Walter
Sah ich mein Lebtag nicht.«

Das hörte der neidische König,
Seine Wange verfärbte sich:
»Und wär' er zweimal schöner,
Erst nennen mußtest du mich.«

»Du bist kein Lord und du bist kein Laird,
Du bist König über sie all',
Da ist kein Ritter in Schottland,
Der nicht wäre dein Vasall.«

Die Königin sprach es bang und blaß,
Der König ward blutrot; –
Jung-Walter, daß so schön du bist,
Das bringt dir nun den Tod.

Sie haben ihn flugs ergriffen,
Ihn sicher eingehegt,
Sie haben Jung-Walter ergriffen
Und ihn in Ketten gelegt.

»Oft bin ich geritten durch Stirling
Bei Wetter und Regenguß,
Nie bin ich geritten durch Stirling
Mit Ketten an Hand und Fuß.

Oft bin ich geritten durch Stirling
Bei Regen und Windeswehn,
Nie bin ich geritten durch Stirling,
Um's nimmer wiederzusehn.«

Am Fuß des Hügels noch einmal
Sah er Wappen und Helm und Schwert,
Am Fuß des Hügels noch einmal
Sah er Sattel und Zaum und Pferd.

Am Fuß des Hügels noch einmal
Sah er seine Lady schön –
Um das Wörtlein, das die Königin sprach,
Mußt' sie ihn sterben sehn.

Bertrams Totengesang

Sie schossen ihn tot um Mitternacht,
Wo das Steinkreuz ragt empor,
Und sie ließen ihn liegen in seinem Blut
Auf dem einsamen Heidemoor.

Sie ritten zu ihres Vaters Haus
Und sprachen: »Es ist geschehn:
Unsre Schwester, die zu oft ihn sah,
Soll ihn nicht wieder sehn.«

Am andern Morgen aber zurück
Ritten sie zu der Stell',
Und sie machten von Zweigen die Totenbahr'
Und trugen ihn in die Kapell'.

Ihre Schwester harrte des Zuges schon,
Sie zerriß ihr langes Kleid,
Ihre gelben Locken löste sie auf
Und kniete an Bertrams Seit'.

Sie holte geweihtes Wasser herbei
Und wusch ihm die Wunden rein,
Einen Kranz um die Brust, einen Kranz ins Haar –
»Nun«, sprach sie, »mag es sein!«

Sie hüllten ihn ein in schneeweiß Lein
Und trugen ihn dann zur Ruh',
Die Mönche sangen die Totenmess'
Und Litaneien dazu.

Sie trugen ihn fort an den alten Ort,
Die Nacht war still und bang;
Es fiel der Tau, der Nebel zog
Das Heidemoor entlang.

Sie gruben sein Grab zwei Fuß tief nur,
Wo das Kreuz gen Osten schaut,
Und sie deckten ihn zu mit Ginstergestrüpp
Und mit Moos und mit Farrenkraut.

Der Mönche einer stand am Grab
Und betete, bis es getagt;
Und in der Kapelle singen sie,
Solange das Steinkreuz ragt.

Sir Patrick Spens

Der König sitzt in Dumferlin-Schloß,
Er trinkt blutroten Wein:
»Wer ist mein bester Segler?
Er muß in See hinein!«

Sprach da ein schottischer Ritter
(Er stand an des Königs Seit'):
»Der beste, das ist Sir Patrick
Im Lande weit und breit.«

Der König schrieb einen offenen Brief,
Einen Brief mit eigner Hand –
Sir Patrick schritt am Meere
Hin über den knirschenden Sand.

Er sah auf die erste Zeile
Und lachte, als er sie sah,
Er las die zweite Zeile,
Nicht weiter las er da.

Sein Auge stund in Tränen:
»Wem tat ich also weh,
Zu schicken in dieser Sturmzeit
Mich über die weiße See?

Zu Schiff nun, liebe Mannen,
Wir segeln vor Tagesschein!«
Da sprach ein alter Matrose:
»Sir Patrick, das kann nicht sein.

Ich hört' in meiner Koje
Die Windsbraut, wie sie gelacht,
Und der neue Mond hielt den alten
Im Arme die letzte Nacht.«

Es kam der nächste Morgen,
Sie gingen all an Bord,
Sir Patrick und die Seinen
Und mancher schottische Lord.

Im Winde flaggten die Wimpel,
Hoch tanzten Schiff und Flut-
Drei Tage, da schwamm auf dem Meere
Nur noch ein bebänderter Hut.

Nun sitzen viel schöne Frauen
Mit ihren Fächern am Strand
Und warten auf Sir Patrick,
Und daß er steig' an Land.

Alle tragen sie Kämme mit Goldschmuck
Und blicken hinaus aufs Meer,
Doch sie erharren keinen
Und sehen keinen mehr.

Fünfzig Faden tief und tiefer,
Da pflegen sie all der Ruh:
Sir Patrick und die Seinen
Und die schottischen Lords dazu.

Lord Murray

Ihr bunten Hochlands-Clane,
Was waret ihr so fern?
Sie hätten nicht erschlagen
Lord Murray, euren Herrn!

Er kam von Spiel und Tanze,
Ritt singend durch die Schlucht -
Sie haben ihn erschlagen
Aus Neid und Eifersucht.

Im Lenze, ach, im Lenze -
Sie spielten Federball,
Lord Murrays stieg am höchsten
Und überflog sie all.

Im Sommer, ach, im Sommer -
Aus zogen sie zum Strauß,
Da rief das Volk: »Lord Murray
Sieht wie ein König aus.«

Im Herbste, ach, im Herbste -
Zu Tanze ging es hin:
»Mit Murray will ich tanzen!«
Rief da die Königin.

Er kam von Spiel und Tanze,
Ritt singend durch die Schlucht -
Sie haben ihn erschlagen
Aus Neid und Eifersucht.

Ihr bunten Hochlands-Clane,
Was waret ihr so fern?
Sie hätten nicht erschlagen
Lord Murray, euren Herrn!

Königin Eleonorens Beichte

Todkrank lag Königin Eleonor',
Sie wußte, daß schlecht es stünde:
»Schickt mir zwei Mönche von Frankreich her,
Daß ich beichte meine Sünde.«

Der König rief seine Haushalt-Lords,
Seinen ersten und seinen zweiten:
»*Ich* will Leonorens Beichtiger sein,
Lord Marschall, du sollst mich begleiten.«

»Lord Marschall erschrak und sank in die Knie
Woll' mir zuvor versprechen,
Was auch die Königin beichten mag,
An mir es nimmer zu rächen.«

»Lord Marschall, steh auf, ich verpfände mein Wort
Und ganz England zu meinen Füßen,
Was auch die Königin beichten mag,
Du sollst es nimmer büßen.

Wir legen an ein mönchisch Gewand-
In Kapuze und grauem Kleide,
So kommen wir betend von Frankreich her
Und hören die Beichte beide.«

Sie legten an ein mönchisch Gewand;
Als gen Whitehall sie schritten,
Des Volkes Menge begleitete sie
Mit Kniefall und frommen Bitten.

Sie traten hin vor die Königin
Und sprachen mit Händefalten:
»Vergib, es haben Wetter und Wind
Unsren Dienst zurückgehalten.«

»Wenn ihr zwei Mönche von Frankreich seid,
Kann ich euer Säumen nicht schelten;
Wenn ihr zwei englische Mönche seid,
Sollt ihr's am Leben entgelten.«

»Wir sind zwei Mönche von Frankreich her,
Drum beichte ohne Bangen,
Wir haben noch keine Messe gehört,
Seit wir zu Schiff gegangen.«

»Die erste Sünde, die ich beging,
Hat andre groß gezogen:
Lord Marschall hab' ich zuvor geliebt
Und den König hab' ich betrogen.«

»Eine schwere Sünde! ich löse sie doch
In Gottes und Christi Namen.«
Der König spricht's, Lord Marschall bebt
Und murmelt: »Amen, Amen.«

»Die zweite Sünde, die ich beging,
Die will ich zum andern bekennen,
Ich mischt' einen Trunk, der sollte mich rasch
Von König Heinrich trennen.«

»Eine schwere Sünde! ich löse sie doch
In Gottes und Christi Namen.«
Der König spricht's, Lord Marschall bebt
Und murmelt: »Amen, Amen.«

»Die dritte Sünde, die ich beging,
Die will zum dritten ich beichten,
Meine Hände waren's, die Becher und Gift
An Rosamunden reichten.«

»Eine schwere Sünde! ich löse sie doch
In Gottes und Christi Namen.«

Der König spricht's, Lord Marschall bebt
Und murmelt: »Amen, Amen.«

»Seht in der Halle den Knaben dort,
Er spielt mit dem Federballe,
Das ist Lord Marschalls ältester Sohn,
Und ich lieb' ihn mehr als alle.

Und seht in der Halle den zweiten dort,
Er hascht nach dem fliegenden Balle,
Das ist König Heinrichs jüngster Sohn,
Und ich haß' ihn mehr als alle.

Er hat einen Kopf wie ein Warwick-Stier
Und ist täppisch wie ein Bär«;
»Mag sein«, rief König Heinrich da,
»Ich lieb' ihn desto mehr.«

Ab riß er Kapuze und Mönchsgewand,
Sein Antlitz war blutrot,
Leonore schrie auf und rang die Händ' –
Ihre Beichte war ihr Tod.

Der König über die Schulter sah,
Vielgrimmig sah er drein:
»Lord Marschall, wär's nicht um mein Wort,
Du solltest gehangen sein.«

Chevy-Chase

oder
Die Jagd im Chevy-Forst

Gott schütz' den König, unsren Herrn,
Und unser aller Leben;
Im Chevy-Walde hat sich einst
Wehvolle Jagd begeben.

Graf Percy von Northumberland,
Vor Taue noch und Tage
Zog aus er heut, mit Hund und Horn,
Daß er den Hirsch erjage.

Er schwur es jüngst an heil'ger Stätt'
– Sorglos um Groll und Knirschen –,
Er woll' drei Sommertage lang
Auf schott'schem Boden pirschen.

Er woll', was lebt im Chevy-Forst,
Mit Speer und Pfeil erlegen.
»Lord Douglas schütze, wenn er kann,
Den Hirsch in den Gehegen.«

Lord Douglas, der in Schottland lag,
Als er das Wort vernommen,
Dem Percy-Grafen schwur er da
Ein blutiges Willkommen;

Der aber ist im Walde schon
Mit fünfzehnhundert Mannen,
Wohlausgesucht und wohlerprobt,
Den Bogen straff zu spannen.

Schon, von der Meute aufgeschreckt,
Flieht, was die Schlucht geborgen;
Ein Montag war's, noch halbe Nacht,
Es graute just im Morgen.

Und eh' der Mittag kam, da lag
Haufweis das Wild erschlagen,
Doch rastlos, nach getanem Schmaus,
Begann ein neues Jagen.

Aufs neu durch Schlucht und Dickicht hin
Stob Huf und Hund nach Beute,
Und neuer Angstschrei mischte sich
Dem Lustgeheul der Meute.

Graf Percy nun war satt des Spiels
Mit Hirschen und mit Hinden,
Er sprach: »Lord Douglas gab sein Wort,
Hier soll' ich heut ihn finden.

Bei Gott, nicht länger harrt' ich sein,
Dächt' ich, er könn' es brechen.«
Da tät alsbald ein Ritter jung
Also zum Grafen sprechen:

»Schau, Herr, dort blitzt es durch den Wald,
Das ist er mit den Seinen,
Schau, wie im Mittagssonnenglühn
Die blanken Speere scheinen.

Zweitausend sind's vom Lauf des Tweed,
Aus Tälern und aus Glennen,
Und der vorauf ist Douglas selbst,
An Roß und Helm zu kennen.«

»... Nun denn, wohlan!« rief Percy da,
»Dies Feld sei unsre Schranke,
Noch schlüpfte keiner mir hindurch,
Sei's Schotte oder Franke.

Das ist der Hirsch, den ich gesucht,
Nun lohnt es sich, zu jagen,

Es brennt mein Herz, Mann gegen Mann
Die Schlacht mit ihm zu schlagen.«

Lord Douglas hört's und ruft ihm zu:
»Da soll mich Gott verderben,
So wahr ein Lord ich bin wie du,
Du oder ich muß sterben.

Doch hör' mich, Percy, Schande wär's
Und Schimpf an unsrem Leben,
So vieler Mannen schuldlos Blut
Mit in den Kauf zu geben.

Es sei all' unser Streit gelegt
In unsre beiden Speere ...«
»Verdammt sei der«, rief Percy da,
»Der andren Sinnes wäre ...«

Da trat ein Rittersmann herfür,
Withrington hieß der Degen,
Der sprach: »Hier müßig zuzuschaun,
Dran ist uns nicht gelegen.

Wir wollen nicht, dieweil ihr kämpft,
Hier Psalm und Lieder singen,
Und unsrem König Heinrich dann
In London Botschaft bringen.

Wohl seid ihr Lords und edle Herrn,
Und wir nur Knapp' und Ritter,
Doch dächt' ich traun, auch unser Schwert
Macht Wunden oder Splitter.«

Da tat alsbald all' englisch Volk
Den Eschenbogen biegen,
Und achtzig Schotten sanken hin
Von ihrer Pfeile Fliegen.

Lord Douglas aber, unbewegt,
Sitzt fest im Eisenbügel
Und kehrt zu seinen Mannen jetzt
Hoch auf des Waldes Hügel.

Schon stehn sie da, nach Kriegesart
Geteilt zu dreien Rotten,
Und nieder wie ein Hagel jetzt
Fährt Douglas mit den Schotten.

Das gab ein Stechen und ein Hau'n,
Manch breite Wunde klaffte,
Längst unser englisch Bogenvolk
Nicht mehr den Bogen straffte.

O Christ, es war für Herz und Sinn
Ein Leid, nicht auszusagen,
Wie stöhnend da in Sand und Blut
Die Menschenknäule lagen.

Und immer schwankte noch die Schlacht,
Da endlich – mit Gestampfe –
Ansprangen wie zwei Löwen jetzt
Die Führer selbst zum Kampfe.

Sie kämpften, bis vernehmbar fast
Ihr Herz im Busen klopfte,
Bis Blut und Schweiß von Brust und Stirn
Wie Regen niedertropfte.

»Ergib dich, Percy!« Douglas rief's,
»Ganz Schottland soll dich preisen,
Und König Jakob Ehr' und Gunst
Am Throne dir erweisen.«

Doch Percy stolz: »Da wollt' ich eh'
Wie Kraut am Sumpf verrotten,

Mein Wort ist nein und dreimal nein
Genüber jedem Schotten.«

Da kam ein Pfeil aus unsern Reihn
Verrätrisch durch die Lüfte
Und bohrte tief in Douglas' Herz
Durch Rippe sich und Hüfte.

Er sank vom Roß, ein stiller Mann,
Graf Percy sah ihn enden
Und faßte dann des Toten Hand
Mit seinen beiden Händen.

»O Douglas«, rief er, »solchen Siegs,
Des hat mein Herz nicht Labe,
Hin gäb' ich für dein Leben jetzt
Mein Land und meine Habe.«

Er sprach es kaum, da kam's wie Sturm
Durch Freund und Feind gestoben,
Den Leib zum Stoß weit vorgebeugt
Und hoch den Schild gehoben.

Wer ist's? Sir Ralph Montgommery.
Er sah den Douglas sinken,
Nun soll auch Percys Helmbuschzier
Nicht länger drohn und winken.

Und schleudernd jetzt den wucht'gen Schaft
Mit Hasses Kraft und Schnelle,
Durchfuhr die Lanze Percys Leib
Um eine Weber-Elle.

Hin sank der ritterlichste Held
Auf hufgestampfte Tenne,
Schon aber griff ein Bogenschütz
Nach Köcher und nach Senne.

Er spannte straff des Bogens Seil,
So straff, wie nie er's spannte,
Und drückte seinen längsten Pfeil
Scharf an die Eschenkante.

Lang zielt' er so, daß sichren Flugs
Der Pfeil zum Herzen dringe,
Und feucht vom Blut des Schotten jetzt
Bebt' in der Brust die Schwinge.

So fiel Sir Ralph Montgommery,
Und mit ihm sind gefallen
Auf beiden Seiten männiglich
Die Ritter und Vasallen.

Von zwanzighundert schott'schen Volks,
Die Schild und Speer genommen,
Kaum fünfundfünfzig, weh und wund,
Sind norderwärts entkommen.

Und unser Volk, nicht siegesfroh
Trug es den Sieg von dannen,
Nur dreiundfünfzig kehrten heim
Von fünfzehnhundert Mannen.

Die andern schliefen fest im Wald
Nach heißem Kampfgewühle,
Und Nachtwind nur und Mondenlicht
Glitt über ihre Pfühle.

Das war die Jagd im Chevy-Forst,
Wo Herr und Hirsch gefallen.
Gott schütz' den König, unsren Herrn,
Und sei uns gnädig allen.

Charles Bawdins Tod und Begräbnis

1471

(Nach Thomas Chatterton)

Auf dämmert der Tag, der Hahn kräht hell,
Blaß schimmert des Mondes Horn,
Und im Morgenrote der Tropfen Tau
Glitzert am Hagedorn.

König Edward aber, nicht Hahnenschrei
Rief ihn vom Schlummer wach;
Drei Raben weckten ihn mit Gekreisch
Oben am Wetterdach.

Und der König fuhr auf: »Beim ew'gen Gott,
Ich versteh' euer Mahnen und Schrei'n;
Charles Bawdin, der soll sterben heut
Und eure Speise sein.

Verräter war er. Er hat seine Hand
In das Blut des Yorks getaucht,
Nicht eher hab' ich Rast und Ruh,
Bis seines gen Himmel raucht.«

Da sprach Ritter Canning: »Mein König und Herr,
Vergieße nicht Bawdins Blut,
Was immer er dir Böses tat,
Ihm galt es brav und gut.

Dem Lankasterkönig hat er gedient
Offen und sonder Scheu,
König Edward, an deinen Feinden auch
Ehre Mut und Treu.

Laß Gnade walten, nur Gnad' allein
Machet des Siegs dich wert,

Den Ölzweig und die Palme nimm,
Nicht aber das Racheschwert.

Gedenke, wir Menschen allzumal
Sind nur an Sünde groß,
Ein einziger auf Sankt Petri Stuhl
Ist schuld- und fleckenlos.

Vergib! *das* festiget dir aufs Haupt
Die kaum gewonnene Kron' ...«
Umsonst, die rostigen Angeln drehn
Sich schrill im Tower schon.

Und bei Tagesfrüh', in des Kerkers Tor
Der Sheriff die Botschaft trug,
Und ein Stündlein, und zum Richtplatz hin
Bewegte sich der Zug.

Der Zug war so: der Richter vorn
In seines Amts Geschmeid',
Hell glitzerte das Quastengold
An seinem Scharlachkleid.

Zwölf Augustiner kamen dann
In härenem Gewand,
Mit Rosenkranz und Geißelstrick
In recht- und linker Hand.

Bußpsalmen sangen finster sie,
Und finster die Wolken ziehn,
Und dazwischen schrillte Glöckleinklang
Vom Turme Sankt Marien.

Den Mönchen folgte, festen Schritts,
Ein Bogenschützenhauf,
Die Sennen waren all gespannt,
Die Pfeile lagen auf.

Wohl mochte versteckt lankastrisch Volk
Den Ritter noch befrein,
Es mochte Charles Bawdins letzter Gang
Der seiner Feinde sein.

Dann kam er selbst: zwei Rappen vorn
In schwarzer Decken Putz,
Auf ihren Köpfen bewegte sich
Ein Straußenfederstutz.

Und wieder dann kam festen Schritts
Ein Bogenschützenhauf,
Die Sennen waren all gespannt,
Die Pfeile lagen auf.

Zwölf Augustiner wieder dann
Mit Psalmenmelodien -
Und immer noch scholl Glöckleinklang
Vom Turme Sankt Marien.

Und nun zum Schlusse, straßenbreit
Des Volkes dicht Gedräng,
Von allen Dächern folgte man
Dem traurigen Gepräng.

Zuletzt an Christi Kreuz vorbei
Bewegte sich der Zug,
Hernieder schaute still das Lamm,
Das unsre Sünden trug.

Charles Bawdin aber betete leis:
»Heiland, erbarm dich mein
Und wasch auch meine Seele heut
Von aller Sünde rein.«

Und die Thems' entlang und das Schloß vorbei,
Und nun waren sie zur Stell':

Verhangen schwarz war das Schafott,
Das Beil, es blitzte hell.

Rings Stille. Da sprach Charles Bawdin laut:
»Blutacker bleibt dies Land,
Solange Schwert und Zepter bleibt
In dieses Edwards Hand.

Vergehn vor Gram wird manches Weib
Und manche junge Braut,
Eh' dieses Land den ersten Strahl
Des Friedens wieder schaut.«

Und rasch an Priesters Seite dann
Hin kniet' er aufs Schafott,
Und betend still die Seele sein
Empfahl er seinem Gott.

Hin floß sein Blut. Laut weinend stand
Das Volk im Kreis umher,
Wieviel auch roten Blutes floß,
Der Tränen flossen mehr.

Der Henker dann, mit scharfer Axt,
Vierteilte Bawdins Rumpf,
Und jeder Teil ward aufgesteckt
Auf einen Lanzenstumpf.

Der eine tät als Wetterfahn'
Auf dem Tower-Turm sich drehn,
Ein zweiter war als Gitterschmuck
Vor Edwards Schloß zu sehn.

Der dritt' und vierte, samt dem Haupt,
Bei fahlem Mittagsschein
Von dreien Toren blickten die
Weit in das Land hinein.

Da wurden sie, bei Tag und Nacht,
Umkrächzet und umkreist,
Das Raben- und das Krähenvolk
Hat alles aufgespeist.

Das war das End' von Bawdins Treu
Und seiner Ehren Ziel ...
Gott schenk' dem König, unsrem Herrn,
So treuer Diener viel.

Der Aufstand in Northumberland

1. Percy und die Nortons

Graf Percy ging in den Garten sein,
Sein junges Gemahl geleitet ihn,
Er spricht: »Mir singt ein Vogel ins Ohr,
Du mußt fechten, Percy, oder fliehn.«

Lady Percy spricht: »Verhüte das Gott!
O sei nicht so stolz, o sei nicht so scheu:
Nach London geh, an der Königin Hof,
Und beug' ihr dein Knie und leist' ihr die Treu.«

»Zu spät, zu spät, liebe Lady mein,
Es ist nicht mehr, wie sonst es war,
Meine Feinde gelten bei Hofe jetzt,
Ich kann nicht gehn, mir droht Gefahr.«

»Und doch, und doch - sonst reut es dich noch!
Leg ab deine Scheu, leg ab deinen Trutz,
Nimm all deine besten Mannen mit,
So hast du Schirm, und so hast du Schutz.«

»Zu spät, zu spät, liebe Lady mein,
Der Hof ist klug, ist fein-verstrickt,
Und wenn ich morgen zu Hofe ging',
So hätt' ich dich heute zuletzt erblickt.«

»Und doch, und doch - sonst reut es dich noch!
Laß satteln! ich will ja mit dir gehn
Und will bei Hofe, so Tag wie Nacht,
Meinem lieben Herrn zur Seite stehn.«

»Halt ein, halt ein, liebe Lady mein,
Es ist zu spät, ich bin nicht blind,
Der Vogel hat Recht, und mein Herz hat Recht,
Und fechten muß ich für Weib und Kind - -

Tritt her, tritt her, mein Knappe jung,
Und schaue mich an und horche wohl auf,
Zu Richard Norton muß dieser Brief,
Noch eh' vorüber des Tages Lauf.

Empfiehl mich dem Squire und sag' ihm das Wort:
Die Stunde sei da, und wir seien bereit,
Und wenn er noch Richard Norton wär',
So müss' er kommen zu dieser Zeit.«

Der Percy sprach's, der Knappe brach auf,
Eine Weile er ging, eine Weile er lief,
Und eh' die Sonne hernieder war,
Da hatte der Squire des Grafen Brief.

Er las voll Ernst, er las zweimal,
Seine Söhne sahen ihn fragend an,
Und als er las zum dritten Mal,
Eine Trän' ihm über das Antlitz rann.

»Sag' an, sag' an, Christopher, mein Sohn,
Dein junges Herz hat braven Mut,
Graf Percy ziehet in bösen Streit,
Was sollen wir tun, welch Rat ist gut?«

»Und soll ich raten, so rat' ich frei:
Graf Percy ist ein edler Lord,
Und was es immer uns bringen mag,
Wir müssen ihm halten unser Wort.«

»Hab' Dank, hab' Dank, Christopher, mein Sohn.
Dein Rat ist gut, Gott schenk' ihm Gedeihn,
Und kommen wir mit dem Leben davon,
So soll dir's nicht vergessen sein.

Was aber sprecht ihr, ihr andern acht?
Sagt ja, sagt nein, ich laß es geschehn.«

Da sprachen sieben: »Wie's kommen mag,
Wir wollen zu unserm Vater stehn.«

»Habt Dank, habt Dank, meine Kinder brav,
Unser sächsisch Blut, ihr haltet es rein,
Und ob ich leben, ob sterben mag,
Eures Vaters Segen soll mit euch sein.

Doch was sagst du, Franz Norton, mein Sohn,
Mein Ältester du und mein Erbe dazu!
Ich seh' was brüten in deiner Brust;
Deine Brüder sprachen, so sprich auch du.«

»Und soll ich sprechen, lieb Vater mein:
Dein Bart ist grau, dein Haupt ist weiß;
Setz' nicht an faulen, schimpflichen Kampf
Deiner siebzig Jahre ehrlichen Preis.«

»Halt ein, Franz Norton! der Schimpf ist dein!
Mein Sohn, mein Sohn, wer hat dich betört?
Als Kind auf deines Vaters Knien,
Da hab' ich dich andre Sprache gelehrt.« –

Der Alte rief's. – Vor Tagesschein
Brachen sie auf mit Mann und Roß,
Und ehe die Sonne in Mittag stand,
Hielten sie schon vor des Percy Schloß.

Bald auch die Nevils kamen heran,
Die stolzen Grafen von Westmorland,
Und – eh' die Sonne zu Rüste ging,
Sie dreizehntausend beisammen fand.

Das Nevil-Banner, zum ersten dann
Im Morgenwinde ward es entrollt;
Sein Zeichen war ein silberner Stier,
Der trug eine blinkende Kette von Gold.

Die Percys ließen zum zweiten dann
Ihren schimmernden Halbmond flattern und wehn;
Die Nortons aber führten ein Kreuz,
Dran waren die Wunden des Heilands zu sehn.

Sie zogen ins Feld, und sie jagten wie Spreu
Der Königin Volk übers Clifford-Moor;
Siebenhundert retteten sich aufs Schloß –
Bald aber lagen die Grafen davor.

Sie griffen an am kommenden Tag,
Und am dritten Tage da glückte der Sturm:
Die Percys nahmen den Felsenwall,
Die Nortons nahmen den Backsteinturm.

Ihre Banner wehten von Schloß zu Schloß,
Bleicher Schrecken lief gen London hin,
Da aber ward der Schrecken zu Wut
Im Herzen unsrer Königin.

Sie rief: »Wohlan denn, Blut um Blut!
Sie sollen ernten, was sie gesät,
Und das Beil mag beugen ihren Kopf,
Der so trotzig auf ihren Hälsen steht.«

Sie musterte dreißigtausend Mann,
Die führte der höfische Warwick-Graf,
Und am elften Tag, am Humber-Strom,
Da war es, wo er die Grafen traf.

Er rief hinüber, voll Spott und Hohn:
»Nun Nevil-Stier, stürm' an in Wut,
Nun Percy-Mond, geh' auf, geh' auf,
Nun Norton, sieh, was dein Heiland tut.«

Der Nevil-Stier und das Norton-Kreuz,
Wohl täten sie hoch in Lüften wehn,

Der Percy-Mond, wohl ging er auf,
Doch er ging nur auf, um unterzugehn.

Graf Percy floh gen Schottland hin,
Graf Nevil floh weit über die See,
Die Nortons aber wollten nicht fliehn,
Sprach jeder: »Ich falle, wo ich steh'.«

Sie fielen nicht, nicht Vater, nicht Sohn,
Und litten doch alle blutigen Tod;
Vergebens war seine Locke so weiß,
Vergebens war ihre Wange so rot.

Sie fielen nicht auf ehrlichem Feld,
Sie fielen, wo der Drei-Baum stand;
Der Würger ging von Tür zu Tür,
Und ein Schrei ging über Northumberland.

2. Percys Tod

»Mein Dach ist der Himmel seit manchem Tag,
Mein Lager zur Nacht des Waldes Streu:
Zu William Douglas will ich gehn,
Sein Schloß ist fest, sein Herz ist treu.

Als einst er floh, wie jetzt ich flieh',
Da fand er Schutz am Herde mein:
Die Douglas waren immer treu,
Auch William Douglas muß es sein.«

Graf Percy spricht's. Sein müdes Roß,
Er treibt es an mit Sporn und Schlag;
Er reitet gen Lochleven-Schloß
Und hält davor am dritten Tag.

Die Brücke rasselt niederwärts,
Graf Percy tritt zur Hall' hinein;
Graf Douglas spricht: »Willkomm, willkomm!«
Und reicht ihm Hand und reicht ihm Wein.

Es geht der Tag, die Monde gehn;
Am Fenster rüttelt Herbsteswind,
Des Percy Herz wird bang und schwer,
Er denkt an Weib und denkt an Kind.

Graf Douglas sitzt zu Seiten ihm
Und ruft ihm zu: »Was trübt dich so?
Wir fahren morgen über See,
Lord Murray jagt bei Linlithgow.

Und bist du krank, so heil' dein Herz
Durch grünen Wald und raschen Ritt;
Zudem, ich gab dem Lord mein Wort,
Du wärst dabei, du jagtest mit.«

Der Douglas spricht's. Graf Percy drauf:
»Du gabst dein Wort, – ich bin bereit!
Und ritt'st du bis zum heil'gen Grab,
Ich ritte mit an deiner Seit'.«

Er spricht's und reicht ihm rasch die Hand;
Rot wird des Douglas bleich Gesicht,
Er senkt sein Aug' und geht hinaus.
Maria Douglas aber spricht:

»Hab acht! mein Bruder spinnt Verrat;
Unstet seit lang' sein Auge rollt;
Das macht, er hat verkauft die Treu',
Verkauft um englisch Sündengold.

Er führt dich nicht nach Linlithgow,
Er führt dich, wo Schloß Berwick ragt;
Nach *England geht's*; wohl gibt es Jagd,
Du bist es *selbst*, auf den man jagt.

Bleib hier und sprich: ›du seiest krank!‹
So helf mit Gott ich dir hindurch

Und führ' dich, auf verborgnem Pfad,
Durch Wald und Nacht nach Edinburg.

Und bring' dich zu Lord Hamilton,
Das ist ein echter Schotten-Lord,
Der ließ wohl lieber Land und Leib,
Als daß er ließ von seinem Wort.«

Graf Percy hört's, sein Aug' wird feucht,
Er spricht: »Schwer trifft mich Gottes Hand,
So vielen Freunden bracht' ich Tod,
Dem letzten bring' ich Schimpf und Schand'.

Ich hab' gedacht: es sei vorbei,
Und hab' gedacht: das Maß sei voll;
Weh mir, daß Schlimmres nun als Tod
Auf Freundes Haupt ich laden soll.

Die Treue bring' ich in Verdacht,
Sie sei nicht treu, sei falsches Spiel;
Ich trage Fluch in jedes Haus –
Es ist zuviel, es ist zuviel.

Und sprichst du auch: Hab acht, hab acht!
Ich sprech' doch nur: Halt ein, halt ein!
Die Douglas waren immer treu,
Auch William Douglas muß es sein.«

Graf Percy spricht's. Die Lady drauf:
»Und schätzest du mein Wort gering,
Komm mit mir an den Leven-See,
Und schau hinein durch diesen Ring.

Den Ring mir meine Mutter gab,
Die konnte Wind und Wald verstehn,
Und blickst du auf des Sees Grund,
So wirst du deine Zukunft sehn.

Komm mit, komm mit! und willst du nicht,
Und glaubst du nicht, Gefahr sei nah,
So gib mir deinen Diener mit,
Der mag dir sagen, was er sah.«

James Swinnard mit der Lady ging,
Sie kamen an den Leven-See;
James Swinnard spricht: »Das sind von York
Die Türme, die ich drunten seh'!

Doch, Lady, sprich, auf offnem Platz
Was soll von Brettern das Gerüst?«
»Das ist der Altar, drauf dein Herr
Zum letzten Mal den Heiland küßt.«

»Und, Lady, sprich, wer steht dabei,
Gehüllt in Mantel, schwarz und dicht?«
»Das ist von York der Lord-Wardein,
Der deinem Herrn das Stäbchen bricht.«

»Und, Lady, sprich, wer steht dabei,
Gehüllt in Mantel, rot wie Blut?«
»Das ist von York der Meister Hans,
Der deinem Herrn das Letzte tut.«

James Swinnard trat vor seinen Herrn,
Er sah ihn an und weinte laut;
Er sprach: »Bleib hier, mein teurer Lord,
Ich hab' nichts Gutes da geschaut.«

Er schwieg. Graf Percy aber schnell:
»Und kostet's Leben mir und Leib,
Ich bau' auf Mann und Manneswort
Und nicht auf Spuk und Zauberweib.

Und wär's kein Spuk und würd' es wahr,
Ich spräche doch: 's ist Trug und Schein,

Die Douglas waren immer treu,
Auch William Douglas muß es sein.«

Der Morgen kam, der Wind war gut,
Die Pfeife rief: an Bord, an Bord!
Man stieg zu Schiff – James Swinnard auch,
Der ließ kein Aug' von seinem Lord.

Und Douglas rief: »Setzt Segel bei,
Kein Handbreit Linnen sei gespart!«
Hell lag die Sonn' auf Land und Meer,
Und rasch gen Süden ging die Fahrt.

Sie fuhren fünfzig Meilen schon,
Der Percy aber ward's nicht froh,
Er sprach: »James Swinnard, frag' den Lord,
Wie weit es noch bis Linlithgow.«

James Swinnard vor Lord Douglas trat;
Der lacht und spricht: »Wir sind noch fern!
Ein Narr, wer schönen Worten traut,
Und nun empfiehl mich deinem Herrn.«

Und wieder fünfzig Meilen ging's,
Rings offne See, kein Land zu sehn,
Da trat Graf Percy selbst heran:
»Douglas, sag' an, was soll geschehn!«

Der lacht und spricht: »Setz' dich zu Roß
Und spring' ins Meer und such' dein Glück,
Und willst du noch nach Linlithgow,
So reit' den halben Weg zurück.«

Und wieder fünfzig Meilen ging's –
Da blinkt's wie Türme über See,
Graf Percy spricht: »Nun helf' mir Gott,
Das ist Stadt Berwick, was ich seh'!«

Sie legten an bei Abendschein,
Frühmorgens hat er fortgemüßt.
Und als der dritte Morgen kam,
Stand er in York am Blutgerüst.

Er stieg die Stufen fest hinan,
Das blanke Beil, er sah es nicht,
Sein Auge schweifte rings umher
Und traf des Douglas bleich Gesicht.

Noch einmal klang's ihm durch das Herz,
Und bitter lächelnd schaut' er drein:
»Die Douglas waren immer treu,
Auch William Douglas muß es sein.«

Dann ließ er nieder sich aufs Knie
Und gab das Zeichen mit der Hand;
Ab flog sein Haupt: - das war das End'
Des Percy von Northumberland.

Robin Hood

1.

Liebe Herrn, horcht auf und habt mal Geduld,
Und lauf mir keiner davon –
Ich will euch erzählen von Robin Hood,
Und vielleicht auch von Little John.

Zu Locksly, im lustigen Nottinghamshire,
Beginn' ich mit meiner Geschicht',
Da bracht' Robins Mutter den Robin zur Welt,
Und das andre – das weiß ich nicht.

Das aber weiß ich und hört' es oft:
Sein Vater war Förster allda,
Er traf ins Schwarze, auf tausend Schritt,
Und das ist just nicht nah.

Mit Adam Bell und Will Cloudesly
Schoß er oftmals um die Wett',
Die mußten ihm zahlen vierzig Mark
In Gold und auf ein Brett.

Robins Mutter, die war John Gamwels Kind,
Der 'nen Wolf mit der Hand erwürgt
(Zu Coventry der Ochsenwirt
Hat mir's hundertmal verbürgt).

Und ihr Bruder hieß Gamwel von Gamwel-Hall,
Und sein altes Herz war frisch-
Das weißeste Brot in Nottinghamshire,
Das kam auf seinen Tisch. –

Und sieh, Jung-Robin wuchs heran,
Zählte zwanzig Jahre bald,
Er hatte Vater und Mutter lieb,
Doch noch lieber den Sherwood-Wald.

Robins Mutter aber zum Vater sprach:
»Mein Liebster, der du bist,
Gern ritt' ich heute gen Gamwel-Hall
Und feierte heiligen Christ;

Ich hab' eine Lust, in Keller und Küch'
So recht zur Hand zu gehn;
Auch hab' ich den lieben Bruder mein
Seit Pfingsten nicht gesehn.«

Vater Robin drauf: »Lieb' Hanna, gewiß,
Meinen Braunen geb' ich gern,
Nur nimm mir unsren Robin mit
Und zeig' ihn dem alten Herrn;

Und grüß den Alten und küsse dazu
Die Kinder groß und klein,
Und wenn ihr alle recht lustig seid,
Lieb' Hanna, so denke mein.«

Er sprach's. Alsbald der Braune kam,
Gestriegelt und aufgestutzt!
Nur Robins Mutter und Robin selbst,
Die waren noch mehr geputzt.

Jung-Robin trug eine blaue Kapp'
Und ein Schwert an seiner Seit',
Und die Mutter gar, die bauschte daher
Im Vierzigfaltenkleid.

Es war ein selbstgesponnenes Stück,
Und sie wußte sich was darin,
Und sie sah beinah so stattlich aus
Wie zu London die Königin.

Jung-Robin schwang in den Sattel sich,
Seine Mutter kletterte nach,

Sie sah den Braunen ängstlich an,
Vater Robin aber sprach:

»Lieb' Hanna, laß, ich kenne sein Kreuz,
Zwei Reiter ist ihm Spiel,
Er trug schon sieben Scheffel Korn,
Und die wiegen doppelt so viel.«

Er sprach's. Jung-Robin ritt im Schritt
Bis dicht an das Stadttor hin –
Das Händeschütteln nahm kein End'
Von Nachbar und Nachbarin.

Nun aber ging's auf den Braunen los
Zugleich mit Peitsch' und Sporn,
Und Robin rief: »He, lauf einmal
Und verdiene dein Weihnachtskorn.«

Sie kamen an. Das ganze Haus
Geriet wie außer sich,
Der Alte rief in einem fort:
»Lieb' Schwester, wie freue ich mich!«

Am andern Morgen ging's zur Mess',
Dann aber ging's wieder nach Haus,
Sechs Tische standen da, wohlgedeckt,
Drauf dampfte der Weihnachtsschmaus.

Jede Tafel trug eine braune Gans,
Mit saftigen Äpfeln gefüllt,
Daneben Wildpret mit Schinken zumal,
In Eierteig gehüllt.

Sechs Lichter brannten; der Pfarrer vom Dorf
Sprach den Segen kurz und fromm-
Dann aber rief Squire Gamwel selbst:
»Lieben Gäste, Gott willkomm!

Willkommen mir all in Gamwel-Hall,
Und nun seht, was die Küche briet,
Wer aber mein Märzbier trinken will,
Der singe zuvor ein Lied.«

Da sangen sie all (denn das Bier war gut)
Aus voller Kehl' und Brust –
Squire Gamwel schlug den Takt dazu
Und weinte beinah vor Lust.

Er rief: »Hört nur, wie draußen der Wind
Den Regen ans Fenster schlägt,
Das ist die Zeit, wo das Menschengemüt
Einen Humpen mehr verträgt.

Lieb' Hanna, hol uns den Stachelbeerwein,
Er zählt schon manchen Tag,
Und wirf mehr Holz noch in den Kamin,
Daß es lustiger knistern mag.«

Und sie brachte das Holz und sie brachte den Wein,
Und sie tranken wacker davon,
Und der Alte rief: »Nun kommt das Best',
Nun hol' ich den Little John;

Little John, das ist der flinkste Bursch
Zehn Meilen in der Rund':
Kopfstehn, Radschlagen und Gliederverdrehn,
Das versteht er aus dem Grund.«

Little John trat ein; Jung-Robin rief:
»Nun flinkester Bursch, komm her!
Und springst du sieben Ellen weit,
So spring' ich noch eine mehr.«

Little John sprang sieben, Jung-Robin sprang acht,
Auf Zollbreit hielt er Wort,

Da rief der Alte: »So wahr ich leb',
Ich lasse dich nicht mehr fort.

Sei mir ein Sohn: wir haben hier auch
Fangmesser, Bogen und Pfeil,
Und mach' ich mal die Augen zu,
So erbst du Kindesteil.«

2.

Jung-Robin blieb. Der Frühling kam,
Auf sproßten die Veilchen, die blaun,
Die Lerche hatte mit Liedern zu tun,
Und die Schwalbe mit Nesterbaun;

Da rief Jung-Robin: »Nun komm, Little John,
Jeder Vogel ruft mich hinaus –
Ich muß wieder heim in den Sherwood-Wald
Und sein grünes Blätterhaus.«

Sie kamen zum Wald; sein Hüfthorn rasch
Führte Robin an den Mund –
Da wuchsen, wie auf Zauberschlag,
Fünfzig Jäger aus dem Grund.

Er rief: »Grüß' Gott euch, liebe Gesell'n!«
Und fragte sie her und hin;
Dann plötzlich schwieg er: aus Waldesnacht
Trat Jenny, die Schäferin.

Seine Sinne hatten sie nie gesehn,
Betroffen er vor ihr stand;
Sie trug in Strählen ihr schwarzes Haar,
Durchflochten mit rotem Band.

Sie trug ein Mieder, kornblumenblau,
An silbernen Spangen reich,

Und ihr Aug', umwölbt von dunkler Brau,
Blickte mild und mutig zugleich.

Er rief: »Willkommen, wer immer du seist!
Und suchest du unsren Schutz-
Beim Himmel, um deinen süßen Leib
Böt' ich dem Königе Trutz.«

Da lachte sie laut und rief: »Hab' Dank!
Ich bin eine Warwick-Maid,
Und braucht' ich Schutz, sieh diesen Pfeil
Und den Bogen an meiner Seit'!«

Sie sprach es kaum, da brach mit Geräusch
Ein Reh durchs knickende Holz,
Sie rief: »Schau auf!« und mitten durchs Herz
Drang ihr gefiederter Bolz.

Jung-Robin sah's. »Und brauchest du nicht
Meines Arms« - so rief er laut -
»So nimm meine Hand und mein Herz dazu
Und sei meine süße Braut.

Ich bin Robin Hood. Im Sherwood-Wald
Sollst du die Königin sein,
Was Bogen und Pfeil erreichen kann,
Ist alles, alles mein.«

Wohl wurde sie rot und rief doch: »Ja!
Ja, und von Herzen gern,
Ich will dir folgen, wohin du gehst,
Und dir dienen als meinem Herrn.

Jetzt aber komm und geleite mich heim
In meines Vaters Haus,
Wir feiern heute das Kirchweihfest -
Nun wird es mein Hochzeitsschmaus!«

Da brachen sie auf nach Titbury-Town,
Little John, der schritt voran,
Auf den Schultern er einen Rehbock trug,
Den man immer brauchen kann.

So ging's feldein. Schon grüßte der Turm
Von Titbury ganz in der Näh'
Da sperrten fünf Burschen ihnen den Weg
Und schrien: »Gebt uns das Reh!«

Ihre Messer blitzten. Da lachten laut auf
Robin Hood und Little John,
Sie schlugen zwei von den Strolchen tot,
Die andern liefen davon.

Beim Himmel, ein lustiger Stückchen Kampf
Tät Robin nie bestehn –
Ich bin der Fiedler von Titbury-Town
Und habe mit zugesehn.

Ich stand kaum fünfzig Schritt davon
Und fiedelte wacker mit drein,
Auch aus der Stadt scholl Jubel her
Von Dudelsack und Schalmein.

Und als der Kampf vorüber war,
Jung-Robin war nicht matt,
Er faßte schön Jenny um den Leib
Und tanzte hinein in die Stadt.

Da war auf Markt und Gassen schon
Das Kirchweihfest im Gang,
Selbst Tom, der Schreiber vom Gericht,
Über Tisch und Bänke sprang.

Er führte die Anne Marie zum Tanz
– Bei Gott, eine hübsche Dirn!

Und richtig gezählt, jeden dritten Takt
Da küßt' er sie auf die Stirn.

Ich bin der Fiedler und hab' es gesehn
Und gönn's ihm auch von Grund,
Denn meine Nanny war auch dabei,
Und die küßt' ich auf den Mund.

Jung-Robin aber und Jenny schön,
Die tanzten zum Vater ins Haus,
Und als der Herr Pfarrer sein Sach' getan,
Ging's tanzend wieder hinaus;

Hinaus in den Wald; da waren die Tisch'
Unterm Laubdach angericht't, -
Ach, was ich da alles *gegessen* hab',
Vor *Trinken* weiß ich's nicht.

Nur in den Wabenhonig hinein
Schnitt ich ein tiefes Loch,
Und wenn ich daran denken tu,
Schmeckt es mir immer noch.

Jung-Robin und Jenny gingen zu Bett,
Wir aber schliefen aus,
Und als der nächste Morgen kam,
Nahm jeder was mit nach Haus.

Ich nahm einen Kuchen; er war nicht groß,
Doch war er auch nicht klein,
Ich lebt an die sieben Tage davon
Und lud noch Gäste ein.

Und halt! daß *eins* ich nicht vergess'
Vor lauter Hast und Eil':
Sie wurden getraut mit einem Ring;
Und nun dem Könige Heil!

Dem Könige Heil! und geb' ihm Gott
Einen jungen Prinzen bald; –
Ich aber will singen von Robin Hood
Und dem lustigen Sherwood-Wald.

König Johann und der Bischof von Canterbury

Nun heb' einen lustigen Schwank ich an,
Ein Märchen von unsrem König Johann,
Mutwillig hat er im Lande regiert,
Ob's recht war, ob nicht - hat ihn wenig geschiert.

Und erzählen auch will ich zur Stelle hie
Von dem hochweisen Bischof von Canterbury -
Die Küche voll Wildpret, der Keller voll Wein
Und Früchte von London, so mußt' es sein.

Und hundert Diener tagein, tagaus,
Die warteten seiner in Hof und Haus,
Sie trugen Kleider von Sammet schwer
Und goldene Ketten darüber her.

Das hörte der König. »He, Bischof, sprich,
Du hältst ja glänzender Haus als ich,
Ich wett', du betrügst mich um Steuer und Zins
Und beraubst meinen Seckel seines Gewinns.«

»Herr«, seufzte der Bischof, »vor Gott ich bekenn',
Ich hab' nur vertafelt, was mein ich nenn',
Und Ihr könnet und werdet mir krümmen kein Haar,
Weil ich Wein getrunken, der meine war.«

»Doch, Bischof, doch, dein Verbrechen wiegt schwer,
Du stirbst, es kann dich nichts retten mehr,
Es sei denn, du fändest die Antwort schnell
Auf drei winzige Fragen, die ich dir stell'.

Zum ersten: wenn ich auf Englands Thron,
Das Zepter in Händen, zu Häupten die Kron',
Rat halte mit meinen Grafen und Herrn,
Wie viel ich dann wert bin, wüßt' ich gern?

Und zum zweiten sollst du mir sagen dann,
Wie rasch wohl die Welt ich umreiten kann?
Und zum dritten will ich wissen geschwind,
Was zur Stelle meine Gedanken sind?«

»Herr, Eure Fragen sind viel zu schwer,
Da find' ich nicht Lösung flugs hinterher,
Gönnt mir drei Wochen vom heutigen Tag,
Daß ich Frag' und Antwort ergründen mag.«

»Wohlan, es sei! doch nutze die Frist,
So lieb dir dein Land und dein Leben ist,
Denn rätst du falsch oder bist du nicht hier,
Sind dein Land und dein Leben verfallen mir.«

Der Bischof hört' es in trübem Sinn,
Gen Oxford und Cambridge ritt er hin,
Da war kein Doktor, den er nicht frug,
Doch die Klugen waren nicht klug genug.

So ritt er denn heimwärts, das Kinn auf der Brust,
Da kam sein Schäfer des Weges just,
Der rief ihm zu: »Willkommen zu Haus!
Was bringt Ihr? Wie sieht es in London aus?«

»Schlecht«, seufzte der Bischof, »drei Tage nach hier
Fällt mein armer Kopf vor die Füße mir,
Es sei denn, daß er auf Antwort verfällt
Auf drei Fragen, die mir der König gestellt.

Zum ersten, wenn er auf Englands Thron,
Das Zepter in Händen, zu Häupten die Kron',
Rat hält mit seinen Grafen und Herrn,
Wieviel er dann wert ist, wüßt' er gern.

Und zum zweiten soll ich ihm sagen dann,
Wie rasch er die Welt wohl umreiten kann;

Und zum dritten will er wissen geschwind,
Was zur Stelle seine Gedanken sind.«

Da lachte der Schäfer: »Herr, denket daran,
Daß ein Narr einen Weisen lehren kann;
Gebt mir Euer Roß, Euren Stab, Euer Kleid,
Und ich fecht' Euch aus Euren ganzen Streit.

Sorgt nicht; in Kentshire weiß jedes Kind,
Daß wir zwei wie von einem Vater sind,
Und trag' ich nur erst Euer prächtig Gewand,
Unterscheidet uns keiner im ganzen Land.«

Da beschwor ihn der Bischof: »Nimm Chorrock und Stab,
Nimm Diener und Läufer, so viel ich hab',
Nimm Mitra, Kapuze, nimm was dir gefällt,
Nur löse die Fragen, die er gestellt.«

»Willkommen, Freund Bischof«, rief König Johann,
»Du hältst deine Zeit, das ist wohlgetan,
Und hält nur dein Witz auch so pünktlich Stand,
Belehn' ich aufs neu dich mit Leuten und Land.

Zum ersten: Wenn ich auf Englands Thron,
Das Zepter in Händen, zu Häupten die Kron',
Rat halte mit meinen Grafen und Herrn,
Wie viel ich dann wert bin, wüßt' ich gern.«

»Unser Heiland wurde, so wahr ich getauft,
Um dreißig Silberlinge verkauft,
Drum neunundzwanzig schätz' ich Euch ein,
Um *einen* müßt Ihr doch billiger sein.«

Da lachte der König und schwur bei Sankt Velt:
»Ich hab' nicht gedacht, daß so wenig ich gelt'!
Nun aber zum zweiten sage mir an,
Wie rasch wohl die Welt ich umreiten kann?«

»Reit' aus mit der Sonn', immer neben ihr fort,
Bis du andren Tages am alten Ort,
So hast du die Reise in Tag und Nacht
Oder vierundzwanzig Stunden gemacht.«

Da lachte der König und schwur bei Sankt Veit:
»Ich hab' nicht gedacht, daß so rasch ich reit'!
Nun aber sollst du mir sagen geschwind,
Was zur Stelle meine Gedanken sind.«

Da beugte der Schäfer schnell sein Knie:
»Ihr denkt, ich sei Bischof von Canterbury,
Der sitzet daheim; nur sein Schäfer bin ich
Und bitt' um Gnade für ihn und für mich.«

Da schwur der König und lachte hell:
»Du sollst Bischof sein an seiner Stell'.«
Der Schäfer seufzte: »'s geht halt nit mehr,
Wo nähm' ich das Lesen und Schreiben her?«

»Wohlan denn, so nimm zu Dank und Lohn
Vier Nobel die Woche von mir, mein Sohn,
Und reitst du bei deinem Bischof heran,
So bring ihm Verzeihung vom König Johann.«

John Gilpin

(Nach William Cowper)

John Gilpin hat ein Tuchgeschäft
Nicht weit von Leicester-Square,
Auch war er Hauptmann der Miliz
In Londons Bürgerwehr.

Und Gilpin hat ein edles Weib;
Sie sprach: »Mein teurer John,
Wir sahen keinen Feiertag
Die zwanzig Jahre schon.

Drum, heut' an unsrem Hochzeitstag,
Dächt' ich, Mann meiner Wahl,
Kutschierten wir nach Islington,
Ins frische Grün einmal.

Fünf unsrer Kleinen nehm' ich mit,
Sie wiegen ja nicht schwer
Und haben Platz – du steigst zu Roß
Und reitest hinterher.«

John Gilpin sprach: »Ich ehrte stets
Das weibliche Geschlecht,
Doch dreimal ehr' ich dich, o Weib,
Drum ist mir alles recht.

Auch schafft mein blühend Tuchgeschäft
Leicht meinem Wunsch Gehör,
Und seinen Braunen leiht mir gern
Mein Freund, der Appreteur.«

Sprach Mistreß Gilpin: »John, noch eins,
Wie ist es mit dem Wein?
Ich denk', wir nehmen welchen mit,
Es dürfte bill'ger sein.«

John Gilpin küßt' sein treues Weib,
Er weinte auf ein Haar,
Daß Mistreß, trotz Vergnügungssucht,
Doch noch so sparsam war.

Der Wagen kam, doch hielt er nicht
Vor Gilpins eignem Haus,
Sie war all in Sorg' und Furcht:
Hochmütig säh' das aus.

Drei Häuser abwärts stieg man ein,
Die Küchlein und das Huhn,
Und durch die City-Straßen hin
Ging es im Trabe nun.

Die Peitsche pfiff, auf schlug der Huf,
Daß alles klang und scholl,
Und Rad und Steine lärmten schier,
Als wären beide toll.

John Gilpin hatte sich indes
Als Reiter schon gezeigt
Und lang geschwankt, ob rechts, ob links
Man in den Bügel steigt.

Jetzt aber sitzt er sattelfest-
Er will davon im Nu,
Da steuern seiner Kunden drei
Grad auf den Laden zu.

John Gilpin denkt: ›Verlust an Zeit,
Ich schätz' ihn nicht gering,
Doch traun, Verlust an Gut und Geld
Ist noch ein übler Ding.‹

Schnell springt er ab. – Noch steht und schwankt
Der Handel mit den Drei'n,

Da stürzt ihm Betty in den Weg:
»Hier, Herr, ist noch der Wein!«

»Gut« spricht er, »doch nun bring' mir auch
Das Lederfutteral,
Darinnen bei Paraden steckt
Mein fleckenloser Stahl.«

John Gilpin nahm die Flaschen beid',
Sie waren voll Likör,
Und hatten oben an dem Hals
Ein weites Henkelöhr.

Durch beide zog er jetzt hindurch
Die Scheide seines Schwerts –
Sie hingen, wie Pistolen schier,
Am Sattel seines Pferds.

Dann schlug er um die Schultern sich
Den Mantel schwarz und rot,
Als zög' er in die Ritterschlacht
Zum Siege oder Tod. –

Die Stadt hindurch, auf hartem Stein,
Da schien der Renner faul;
John Gilpin sprach: »O schäme dich,
Bist du ein Karrengaul?«

Doch plötzlich, draußen vor dem Tor,
Verging ihm aller Spott,
Der Braune schnob und wieherte
Und setzte sich in Trott.

»Still, still, mein Tierchen«, ächzte John,
»So wirf mich doch nicht ab!«
Doch, wie er auch am Zügel riß,
Galopp ward aus dem Trab.

Und auf und nieder, her und hin,
Flog unser armer Tropf,
Bald hielt er an der Mähne sich
Und bald am Sattelknopf.

Das arme Pferd, das immer sonst
Gelenkt von sichrer Hand,
Es kam bei Gilpins Reiterei
Zuletzt um den Verstand.

Und wie vom Teufel angeschürt,
Durch ging es voller Wut;
Ab riß ein Baum von Gilpins Kopf
Perücke, Zopf und Hut.

Scharf blies der Ost; noch flaggte bunt
Des Mantels weiter Schoß –
Jetzt aber ging er in die Welt,
Die Knöpfe ließen los.

Die Hunde bellten Dorf um Dorf,
Die Kinder lärmten mit,
Und alles schrie: »Das nenn' ich brav,
Das nenn' ich einen Ritt!«

Die Nachbarweiber klatschten sich
Bereits die Mäuler wund;
Die eine wußt' es ganz genau:
Es gelte tausend Pfund.

Die Zolleinnehmer hielten's auch
Für Wetteritt und Lauf
Und rissen mit geschäft'ger Hand
Die Gittertore auf.

John Gilpin schlüpfte heil hindurch,
Nicht so das Flaschenpaar,

Die eine ließ den Kork zurück,
Den Hals die andre gar.

Hin troff der rötliche Likör,
Man dacht', es wäre Blut,
Und murrend klang es hie und da:
Der spornt auch allzu gut!«

Jetzt aber in Klein-Islington
Hinein sprengt unser John;
Es harrte schon, mit Gruß und Kuß,
Die Gattin am Balkon.

Sie ruft ihm zu: »Halt, Gilpin, halt!
Wo willst du hin? so sprich!
Die Kinder haben Hunger schon
Und weinen bitterlich.«

John Gilpin hört's; in tiefem Schmerz
Fleht er den Braunen: »Steh!«
Doch ach, der Braune hat kein Herz
Für eines Vaters Weh.

Zwei Meilen hinter Islington
Da liegt ein zierlich Haus,
John Gilpins Freund, der Appreteur,
Zog sommers da hinaus.

Der Braune machte oft den Weg,
Und wiehernd jetzt am Zaun
Ruft er den Herrn, der aber will
Kaum seinen Augen traun.

»He, Gilpin, he! was ist geschehn?
Was kommt Ihr überhaupt?
Und wenn Ihr kommt, warum beschmutzt,
Barhäuptig und bestaubt?«

John Gilpin drauf: »Was ich hier soll,
Das frage dieses Tier;
Wir ritten scharf, Perück' und Hut
Sind darum noch nicht hier.«

Laut lachte da der alte Freund,
Es war ein lust'ges Blut, –
Er nahm sich die Perück' vom Kopf
Und sprach in frohem Mut:

»Nimm hin! Du starrst von Staub und Schmutz,
Drum scheint sie noch zu klein,
Doch wasch' nur erst die Kruste ab,
So wird sie passend sein.«

John Gilpin nahm und dankte viel
Und sprach zum Pferde dann:
»He Freund, ich hab' für dich getan,
Was man nur tuen kann.

Du wolltest her zu deinem Herrn,
Ich ehrte diesen Trieb,
Nun aber trag' auch mich zurück
Zu meinem treuen Lieb.«

Er sprach es kaum, da kreischte laut
Ein Esel hinterm Heck,
Und Roß und Reiter zitterte,
So packte sie der Schreck.

Wie wenn ein Löwe wo gebrüllt,
So griff der Renner aus –
Auf tauchte bald Klein-Islington
Samt seinem Kaffeehaus.

Die Gattin harrte immer noch
Des Gatten am Balkon,

Jetzt sah sie ihn und wandte sich
Zum Schwager Postillon:

»Sieh, diese halbe Kron' ist dein,
Mein wackerer Gesell',
Schaffst du mir meinen Ehemann
Lebendig hier zur Stell'.«

Der Postillon, der war nicht faul,
Aus zog er auf den Fang
Und hakte bald nach Mann und Roß
Mit Zügel und mit Strang.

Dem Braunen aber deucht' es schier,
Als wär's ein Peitschenhieb,
Er lief, daß selbst der Postillon
Im Hintertreffen blieb.

Sechs Reiter kamen just des Wegs,
Die sahen Gilpins Flucht,
Und wie der Postillon umsonst
Ihn einzuholen sucht.

Sie jagten mit und schrien laut:
»Halt't ihn! ein Dieb! ein Dieb!«
John Gilpin aber unverkürzt
Des Tages Sieger blieb.

Und wie ein Jockey bester Art,
Mit Weste, Stulp und Kapp –
Erst wo er aufgestiegen war,
Da stieg er wieder ab.

Und nun zum Schluß: dem König Heil,
Und Heil! John Gilpin, dir,
Und setzt du wieder dich zu Roß,
So bitt' ich, sag' es mir.

Die drei Raben

Drei Raben saßen auf einem Baum,
Drei schwärzere Raben gab es kaum.

Der eine sprach zu den andern zwei'n:
»Wo nehmen wir unser Frühmahl ein?«

Die andern sprachen: »Dort unten im Feld
Unterm Schilde liegt ein erschlagener Held.

Zu seinen Füßen liegt sein Hund
Und hält die Wache seit mancher Stund'.

Und seine Falken umkreisen ihn scharf,
Kein Vogel, der sich ihm nahen darf.«

Sie sprachen's. Da kam eine Hinde daher,
Unterm Herzen trug sie ein Junges schwer.

Sie hob des Toten Haupt in die Höh
Und küßte die Wunden, ihr war so weh.

Sie lud auf ihren Rücken ihn bald
Und trug ihn hinab zwischen See und Wald.

Sie begrub ihn da vor Morgenrot,
Vor Abend war sie selber tot.

Gott sende jedem Ritter zumal
Solche Falken und Hunde und solches Gemahl.

Die zwei Raben

Ich ging übers Heidemoor allein,
Da hört' ich zwei Raben kreischen und schrein;
Der eine rief dem andern zu:
»Wo machen wir Mittag, ich und du?«

»Im Walde drüben liegt unbewacht
Ein erschlagener Ritter seit heute Nacht,
Und niemand sah ihn in Waldesgrund
Als sein Lieb und sein Falke und sein Hund.

Sein Hund auf neuer Fährte geht,
Sein Falk' auf frische Beute späht,
Sein Lieb ist mit ihrem Buhlen fort –
Wir können speisen in Ruhe dort.

Du setzest auf seinen Nacken dich,
Seine blauen Augen, die sind für mich,
Eine goldene Locke aus seinem Haar
Soll wärmen das Nest uns nächstes Jahr.

Manch einer wird sprechen: ich hatt' ihn lieb!
Doch keiner wird wissen, wo er blieb,
Und hingehn über sein bleich Gebein
Wird Wind und Regen und Sonnenschein.«

Lord Maxwells Lebewohl

»Leb wohl, leb wohl, liebe Mutter mein,
Und leb wohl, meines Vaters Haus,
Lebt wohl, es soll geschieden sein,
Ich muß in die See hinaus;
Leb wohl, du Garten im Sonnenschein,
Drin die Maienglöckchen stehn,
Und vor allem leb wohl, liebe Lady mein,
Ich muß von dannen gehn.

Lord Johnston erschlug ich am Wege hier,
Es war eine dunkle Nacht,
Lord Johnston erschlug meinen Vater mir,
Und so hab ich's quitt gemacht;
Drei Jahre harrt' ich bei Nacht, bei Tag,
Meinen Vater gerächt zu sehn,
Ich hab' nicht Reu, was kommen mag,
Aber von dir muß ich gehn.

Und hätt' ich Reu, ich dächt' an den Tag,
Der wie gestern vor mir steht,
Wo mein Vater auf seinen Knieen lag
Und die Johnstons um Gnade gefleht;
Sie hieben ihm ab die flehende Hand,
Geschehn ist, was geschehn,
Nun muß ich lassen Lieb' und Land
Und, lieb' Lady, von dir gehn.

Leb wohl, Carnarven, mein Fels, mein Schloß,
Leb wohl auf manches Jahr,
Leb wohl, du Wald, du stiller Genoß,
Darinnen ich glücklich war,
Leb wohl, Lochmabens Birkenhain,
Und du Platz, wo die Tannen stehn,
Und vor allem leb wohl, lieb' Lady mein,
Denn ich muß von dir gehn.«

Sie hielt ihn an ihr Herz gepreßt:
»Bleib hier und bleibe mir!
Meines Bruders Schloß ist stark und fest
Und doppelt fest mit dir;
Die Hamiltons und die Douglas beid',
Sie werden zu uns stehn –«
»Es bricht mein Herz in Weh und Leid,
Aber von dir muß ich gehn.«

Er nahm einen Ring, an dem Ringe hing
Ein Kreuz von rotem Stein:
»Nimm hin den Ring und trage den Ring
Und vor allem gedenke mein,
Denn ach, vergäßest du mich je,
Um nach andrem Glück zu sehn,
Rück flög' ich über die schäumende See,
Und um alles wär' es geschehn.«

Der Tag war grau, das Deck war klar,
Lord Maxwell ging zu Schiff,
Der Wind in allen Segeln war,
Die Bootsmannspfeife pfiff;
Ein Streifen schwand das Ufer jetzt,
»Ade!« Die See ging hohl,
Und Wind und Wogen verschlangen zuletzt
Lord Maxwells Lebewohl.

Melrose-Abbey

Und willst du des Zaubers sicher sein,
So besuche Melros' bei Mondenschein;
Die goldne Sonne, des Tages Licht,
Sie passen zu seinen Trümmern nicht.
Wenn die Bögen und Nischen im Schatten stehn,
Die Ecken und Pfeiler wie Silber sehn,
Wenn das weiße, kalte, zitternde Licht
Um den Mittelturm seine Girlanden flicht,
Wenn die Strebepfeiler sich wechselnd reihn,
Halb Ebenholz, halb Elfenbein,
Wenn's schneeig auf allen Gräbern liegt
Und die weißen Figuren noch weißer umschmiegt,
Wenn das Rauschen des Tweed, weitab gehört,
Wie Summen die nächtige Stille stört –
Ja, dann tritt ein: bei *Mondesschein*
Besuche Melros' und – *tu es allein.*

Die Blumen des Waldes

(Nach der Schlacht bei Flodden)

Ich hörte sie singen, wenn morgens sie gingen,
Die Herde zu melken, die draußen steht;
Nun hör' ich ihr Wehe, wo immer ich gehe-
Die Blumen des Waldes sind abgemäht.

Vorüber das Necken an Wegen und Hecken,
Still eine neben der andern geht,
Sie können nicht scherzen mit Trauer im Herzen.
Und was sie sprechen, ist leises Gebet.

Kein Erntereigen; es schweigen die Geigen,
Kein Tänzer, der fröhlich im Tanze sich dreht.
Auf Märkten und Messen die Lust ist vergessen -
Die Blumen des Waldes sind abgemäht.

Kommt Dämmerstunde, nicht mehr in die Runde
Das Haschen und Pfänderspielen geht,
In stiller Kammer verbirgt sich ihr Jammer -
Die Blumen des Waldes sind abgemäht.

Dahin unsre Kränze! wir zogen zur Grenze,
Wo Englands Banner im Winde geweht,
Unsre Blumen vom Walde, sie ruhn auf der Halde,
Die Blüte des Landes ist abgemäht.

Ich hörte sie singen, wenn morgens sie gingen,
Die Herde zu melken, die draußen steht;
Nun klingt ihre Klage von Tage zu Tage:
Die Blumen des Waldes sind abgemäht.

Leslys Marsch

(Puritanerlied)

Immer mit, immer mit,
Was Teufel, wer hält nicht Schritt?
Die Englischen ziehen von drüben heran,
Schließt euch fester Mann an Mann,
Musketiere rasch in die Front,
Habt ihr vergessen, was ihr gekonnt:
Schießen und Fechten und Schädelspalten
Und mit der Linken die Bibel halten.

Die erste Kirche, in die wir kommen,
Drin Rom und die Pfaffen Platz genommen
Und Orgel und Altar hinein erneuert,
Werd' ausgefegt und ausgescheuert;
Jenny soll das Käppchen tragen,
Jocky das Chorhemd um sich schlagen,
Und nach der Orgel und ihren Pfeifen
Sollen unsre Pfeifer greifen,
Können drauf spielen den ganzen Tag,
Komme, was da kommen mag;
Bursche, munter,
Bald wird's bunter,
Schürzet die Plaids! sie kommen, Juchhe,
Und klappt die Mützen in die Höh.

Jakobitenlieder

(Von 1715 bis 1746)

1.

Die Duncans kommen, die Donalds kommen,
Die Colins kommen, die Ronalds kommen,
Es kommen die Kenmures Sohn und Vater,
Lord Foster und Lord Derwentwater,
Und Jack und Tom und Bobby kommen
Und haben die blaue Blume genommen.

Die Intosh kommen, die Quarries kommen,
Die Söhne Lord Glengarrys kommen,
Es kommen die Douglas und Mac Gregore
Mit kurzem Schwert und langem Rohre,
Und Jack und Tom und Bobby kommen
Und haben die blaue Blume genommen.

Die Phersons kommen, die Kenzies kommen,
Die Grants, die Leans, die Menzies kommen,
Es kommen die Bursch' aus allen Clanen,
Die Mädchen selbst zu unsren Fahnen,
Und Jack und Tom und Bobby kommen
Und haben die blaue Blume genommen.

Die Camerons kommen, die Gordons kommen,
Die stolzen Söhne des Nordens kommen,
Es kommen die Enkel der alten Thane,
Die Crabies und die Mac Farlane,
Und Jack und Tom und Bobby kommen
Und haben die blaue Blume genommen.

Sie kommen mit Pfeifen und Dudelsäcken
Und suchen das Volk mit den roten Röcken,
Bald werden die Schöße im Winde fliegen,
Bald werden die Whigs auf der Nase liegen,

Denn Jack und Tom und Bobby kommen
Und haben die blaue Blume genommen.

2.

Die einen sagen, wir haben gewonnen,
Die andern sagen, sie haben gewonnen,
Ich aber sage das eine nur:
Es ward viel gelaufen bei Sherifmur,
Wir sind gelaufen und sie sind gelaufen,
Gelaufen einzeln und in Haufen.

Wir haben den linken Flügel geschlagen,
Der rechte Flügel hat uns geschlagen,
Eine Rennbahn war die ganze Flur,
Es ward viel gelaufen bei Sherifmur,
Wir sind gelaufen und sie sind gelaufen,
Gelaufen einzeln und in Haufen.

Rob Roy, o wärst du zu Hilf' uns gekommen,
Es hätt' ein andres Ende genommen,
So aber war das Ende nur:
Es ward viel gelaufen bei Sherifmur,
Wir sind gelaufen und sie sind gelaufen,
Gelaufen einzeln und in Haufen.

3.

O käm' er wieder, mit Waffen scharf,
Der Bursch, den ich nicht nennen darf,
O käm' er wieder und käm' er schnell,
Hier ist sein Platz und seine Stell',
Ich wollt ihn schützen, wo immer er wär',
Und wären zehntausend um ihn her.

Von Tartan der Rock und die Hose dazu,
Die Mütze blau und geschnürt die Schuh,
Ein Hochlandsbursch vom Wirbel zur Zeh,
Das ist der Bursch, mit dem ich geh',

Und ich wollt' ihn schützen, wo immer er wär',
Und wären zehntausend um ihn her.

O ging' es wieder ins grüne Feld,
Er ist ein König und ist ein Held,
Auf seiner Brust der goldene Stern,
Wo der uns leuchtet, da folgen wir gern,
Und ich wollt' ihn schützen, wo immer er wär',
Und wären zehntausend um ihn her.

O säß' er wieder, der Erb' einer Kron',
Auf seiner Väter heiligem Thron,
Da wären vorüber Weh und Streit
Und wir lebten wieder die goldene Zeit,
Und ich wollt' ihn schützen, wo immer er wär',
Und wären zehntausend um ihn her.

4.
Mein Liebster ist kommen von Aberdeen,
Ach, über die Maßen lieb' ich ihn,
Und hat mich doch betrübt und erschreckt
Und die weiße Kokarde aufgesteckt;
Er ist ein übermütiger Bursch,
Und doch ein lieber, gütiger Bursch,
Und ich lieb' ihn und will mit ihm gehn
Und immer die weiße Kokarde sehn.

Ich will verkaufen Geiß und Kuh
Und Spindel und Flachs und Garn dazu
Und will mir kaufen ein Tartankleid
Und still marschieren an seiner Seit';
Er ist ein übermütiger Bursch,
Und doch ein lieber, gütiger Bursch,
Und ich lieb' ihn und will mit ihm gehn
Und immer die weiße Kokarde sehn.

5.

An einem Montagmorgen war's,
Kaum schlug die Glocke vier,
Da zog er ein in unsre Stadt,
Der junge Kavalier;
O Charlie ist mein Liebling,
Mein Liebling, mein Liebling,
O Charlie ist mein Liebling,
Der junge Kavalier.

Und als er zog die Straß' hinauf
Und nickte dort und hier,
Da klang's aus allen Fenstern: »Heil
Dir, junger Kavalier«;
O Charlie ist mein Liebling,
Mein Liebling, mein Liebling,
O Charlie ist mein Liebling,
Der junge Kavalier.

Viel tausend Bursche bracht' er mit,
Das halbe Hochland schier,
Die folgten gern dem echten Herrn,
Dem jungen Kavalier;
O Charlie ist mein Liebling,
Mein Liebling, mein Liebling,
O Charlie ist mein Liebling,
Der junge Kavalier.

Sie ließen Weib und Kind zurück,
Wohlan, so tun auch wir,
Wir baun auf Gott und gutes Glück
Und auf den Kavalier;
O Charlie ist mein Liebling,
Mein Liebling, mein Liebling,
O Charlie ist mein Liebling,
Der junge Kavalier.

Wir ziehn entlang mit Pfeifenklang,
Die Distel als Panier,
Mit Kilt und Plaid und Schwertern blank,
So siegt der Kavalier;
O Charlie ist mein Liebling,
Mein Liebling, mein Liebling,
O Charlie ist mein Liebling,
Der junge Kavalier.

6.

Cope schrieb einen Brief an den Kavalier:
»So du Mut hast, komm und fecht' mit mir,
Und bist du nicht in zwei Stunden hier,
So komm' ich früh am Morgen.«

Prinz Charlie sah hinein in den Brief;
Er zog sein Schwert und lacht' und rief:
»Und sind deine Gräben noch so tief,
Wir kommen früh am Morgen.«

Auf, Hochlandsbursche, auf, ins Feld,
Grau-Dämmrung schon die Nacht erhellt,
Und wo John Cope uns hinbestellt,
Da stehn wir früh am Morgen.

Wie, was? ob Cope noch schlafen mag?
Wach auf, es ist schon heller Tag,
Hörst du nicht Pfeif' und Trommelschlag?
Wir kommen früh am Morgen.

Halt, Cope, was läufst du schon von fern?
Wir schüttelten dir die Pätschchen gern,
Nun lauf' und grüß' uns deinen Herrn
Und biet' ihm guten Morgen.

Cope lief bis Leith mit rotem Gesicht;
»Wo sind deine Leute?« der Sheriff spricht,

»Zum Teufel«, rief Cope, »ich weiß es nicht,
Ich sah sie zuletzt heut morgen.«

7.

Mein Harry war ein tapfres Blut,
Ich sah ihn neben der Fahne gehn,
Nun ist er über die große Flut
Auf Nimmer-, Nimmer-Wiedersehn;
Und doch nur einmal herzen ihn,
Was gäb' ich alles nicht drum hin!
Ich gäb' unser Hafer- und Gerstenland
Für den kleinen Finger von seiner Hand.

Oft, wenn es still geworden im Haus
Und von Abend her die Lüfte wehn,
Dann frag' ich in den Wind hinaus:
Werd' ich ihn nimmer wiedersehn?
Ihn sehn, nur einmal herzen ihn,
Was gäb' ich alles nicht drum hin!
Ich gäb' unser Hafer- und Gerstenland
Für den kleinen Finger von seiner Hand.

O hingen einige Schurken hoch
Und ließ' uns Gott einen Rächer erstehn,
Da kämen frohe Tage noch
Und den Liebsten würd' ich wiedersehn;
Ihn sehn, nur einmal herzen ihn,
Was gäb' ich alles nicht drum hin!
Ich gäb' unser Hafer- und Gerstenland
Für den kleinen Finger von seiner Hand.

8.

Die schöne Maid von Inverness,
Wie freudlos ihr der Tag vergeht,
Sie schafft und spinnt und webt, indes
Ihr dunkles Aug' in Tränen steht:
»Drummossie-Moor, Drummossie-Tag,
O bittrer Tag, o blut'ges Moor,

Wo kalt und starr mein Vater lag
Und ich der Brüder drei verlor.

Sie liegen tief in Sand und Blut,
Im ersten Grün die Gräber stehn,
Der beste Bursch daneben ruht,
Den Mädchenaugen je gesehn.
Weh Sieger dir, der nach der Schlacht
Noch die Geschlagenen niedertrat,
Du hast manch Herz betrübt gemacht,
Das dir doch nichts zu leide tat.«

9.

Wetternacht und Sturmesgrollen
Hab' ich um mich für und für,
Und der Gießbach, angeschwollen,
Klopft an meine Felsentür;
Ach, von jenen stillen Quellen,
Dran die blaue Blume blüht,
Von des Westwinds leisen Wellen
Labt nicht eine mein Gemüt.

Rechtes willen, Ehre wegen
Kämpften wir den Kampf der Pflicht,
Doch der Himmel war entgegen,
Und die Götter wollten's nicht;
Sieg und Ruhm entsank im Streite
Uns auf Hochlands Moor und Moos,
Vor uns liegt die Welt, die weite,
Aber freund- und freudelos.

10.

Sieben Söhne gab ich dem Kavalier,
Sieben grüne Plätze sind blieben mir,
Ihrer Mutter Herz ist gebrochen vor Weh –
König Jakob, daß ich dich wiedersäh'.

In Trümmern die Kirche, in Fesseln das Land,
Das Schwert in Mörder- und Henkershand,
Und schweigen müssen, was immer geschäh' -
König Jakob, daß ich dich wiedersäh'.

Mir ist zu leben nimmer Gewinn,
Meine Söhne tot, seine Krone dahin,
Doch singen will ich, wo immer ich steh':
König Jakob, daß ich dich wiedersäh'.

11.

Die ihr euch »*Jakobiten*« nanntet
Zu eigner und des Königs Ehr',
Die ihr euch Jakobiten nanntet,
Zu Thron und Stuart euch bekanntet
Und endlich doch den Rücken wandtet,
O tretet her.

Was kämpft ihr noch voll halben Zwanges
Ein leeres Wortgefecht »ums Recht«?
Entschlagt euch des gelehrten Dranges,
Ich sag': ein kurz Schwert und ein langes,
Ich sag': ein stark' Herz und ein banges,
Die machen Unrecht, ach und - Recht.

Was schwankt ihr länger bang und schüchtern?
Der *findet* Gnade, der drum *wirbt;*
Was schwankt ihr länger bang und schüchtern?
Fügt euch den neuen Himmelslichtern
Und - überlasset seinen Richtern
Den, der in Treue lebt und stirbt.

Schwertspruch

(Eingegraben in das Erbschwert der Douglas-Familie)

Unter allen Lords in meinem Reich
War keiner doch dem Douglas gleich.

Drum trag du, wenn ich gestorben bin,
Mein Herz zum heiligen Grabe hin.

Dort mag es liegen tief und still,
Bis mein Erlöser es wecken will.

Ein besserer Ritter bis diese Stund'
An keines Königs Seite stund.

Grabschrift

(Auf einem Grabstein im Kirchhof
von Melrose-Abbey)

Erde gleißt auf Erden
In Gold und in Pracht;
Erde wird Erde,
Bevor es gedacht;
Erde türmt auf Erden
Schloß, Burg, Stein;
Erde spricht zu Erde:
Alles wird mein.

Deutsches. Märkisch-Preußisches

Treu-Lischen

»Mein Lischen, stell das Weinen ein,
Auf Regen folgt ja Sonnenschein,
Ich kehr' mit Schwalb' und Flieder
Und wohl noch früher wieder.«

Der Bursche sprach's. Vom Giebeldach
Sah ihm Treu-Lischen lange nach,
Bis Hoffnung wiederkehrte
Und ihren Tränen wehrte.

Die Äuglein wurden wieder klar,
Das Herze jeden Kummers bar,
Sie wußte: mit dem Flieder
Kam ihr der Liebste wieder.

Der Frühling kam mit Duft und Klang,
Treu-Lischen harrte mondenlang,
Herbstwind durchfuhr den Garten -
Vergeblich war ihr Warten.

Wohl kam der Frühling viele Mal,
Ihr Liebster nimmermehr ins Tal,
Doch Lenz um Lenz aufs neue
Rief sie: »Nun kommt der Treue!«

Es konnt' ihr Herz, das Jahr um Jahr
Dem Liebsten treu geblieben war,
Es konnt's ihr Herz nicht fassen,
Er habe sie verlassen.

Grau ward ihr Haar, welk ihr Gesicht,
Das Alter kam, sie wußt' es nicht,
Ihr Hoffen und ihr Lieben,
Ihr Herz war jung geblieben.

Und als der Tod sie heimgeführt,
Hat ihn das treue Herz gerührt,
Und mit des Liebsten Mienen
Ist er vor ihr erschienen.

Silvesternacht

Das Dorf ist still, still ist die Nacht,
Die Mutter schläft, die Tochter wacht,
Sie deckt den Tisch, sie deckt für zwei,
Und sehnt die Mitternacht herbei.

Wem gilt die Unruh? wem die Hast?
Wer ist der mitternächt'ge Gast?
Ob ihr sie fragt, sie kennt ihn nicht,
Sie weiß nur, was die Sage spricht.

Die spricht: Wenn wo ein Mädchen wacht
Um zwölf in der Silvesternacht,
Und wenn sie deckt den Tisch für *zwei,*
Gewahrt sie, wer ihr Künft'ger sei.

Und hätt' ihn nie gesehn die Maid,
Und wär' er hundert Meilen weit,
Er tritt herein und schickt sich an,
Und ißt und trinkt, und scheidet dann. –

Zwölf schlägt die Uhr, sie horcht erschreckt,
Sie wollt', ihr Tisch wär' ungedeckt,
Es überfällt sie Angst und Graun,
Sie will den Bräutigam nicht schaun.

Fort setzt der Zeiger seinen Lauf,
Niemand tritt ein, sie atmet auf,
Sie starrt nicht länger auf die Tür –
Herr Gott, da sitzt er neben ihr.

Sein Aug' ist glüh, blaß sein Gesicht,
Sie sah ihn all' ihr Lebtag nicht,
Er blitzt sie an und schenket ein
Und spricht: »Heut Nacht noch bist du mein.

Ich bin ein stürmischer Gesell',
Ich wähle rasch und freie schnell,
Ich bin der Bräut'gam, du die Braut,
Und bin der Priester, der uns traut.«

Er faßt sie um - ein einz'ger Schrei,
Die Mutter hört's und kommt herbei;
Zu spät, verschüttet liegt der Wein,
Tot ist die Tochter und - allein.

»Und alles ohne Liebe«

Die Mutter spricht: »Lieb Else mein,
Wozu dies Grämen und Härmen?
Man lebt sich ineinander ein,
Auch ohne viel zu schwärmen;
Wie manche nahm schon ihren Mann,
Daß sie nicht sitzen bliebe,
Und dünkte sich im Himmel dann
Und – alles ohne Liebe.«

Jung-Else hört's. Sie schloß das Band,
Das ew'ge, am Altare,
Und lächelnd nahm des Gatten Hand
Den Kranz aus ihrem Haare;
Ihr war's, als ob ein glühend Rot
Sich auf die Stirn ihr schriebe,
Sie gab ihr Alles, nach Gebot,
Und – alles ohne Liebe.

Der Mann ist schlecht; er liebt das Spiel
Und guten Trunk nicht minder,
Sein Weib zu Hause weint zu viel,
Und ewig schrei'n die Kinder;
Spät kommt er heim, er kost, er schlägt,
Nachgiebig jedem Triebe,
Sie trägt's, wie nur die Liebe trägt,
Und – alles ohne Liebe.

Sie wünscht sich oft, es wär' vorbei,
Wenn nicht die Kinder wären,
So aber sucht sie stets aufs neu
Zum Guten es zu kehren,
Sie schmeichelt ihm, und ob er dann
Auch kalt beiseit' sie schiebe,
Sie nennt ihn »ihren liebsten Mann«
Und – alles ohne Liebe.

»Denkst du verschwundener Tage, Marie?«

(Nach dem Englischen)

»Denkst du verschwundener Tage, Marie,
Wenn du starrst ins Feuer bei Nacht?
Wünschst du die hellen Tage zurück,
Wo du selbst wie die Sonne gelacht?«

»Ich denk' der verschwundenen Tage, Johann,
Und denk' an all ihr Glück,
Doch der sonnigste Tag, der über mich kam,
Ich wünsch' ihn nicht zurück.«

»Denkst du an gestorbenes Hoffen, Marie,
Wenn du starrst ins Feuer bei Nacht?
Der Tau, der auf dein Hoffen fiel,
Hat dich um die Ernte gebracht.«

»Ich denk' an gestorbenes Hoffen, Johann,
Aber tu's in stillem Sinn,
Es starb, wie eine Rose stirbt, –
Und was hin ist, ist hin.«

»Denkst du gestorbener Freunde, Marie,
Wenn du starrst ins Feuer bei Nacht?
Wünschst du sie zurück an den einsamen Herd,
Den sie einst dir so heimisch gemacht?«

»Ich denk' der gestorbenen Freunde, Johann,
Sie sind allezeit mein Glück,
Doch, die mir die liebsten gewesen sind,
Ich wünsche sie nicht zurück.«

Junker Dampf

Aus einem edlen Stamme
Sproß er, der Junker Dampf:
Das Wasser und die Flamme,
Sie zeugten ihn im Kampf;
Doch hin und her getragen,
Ein Spielball jedem Wind,
Schien aus der Art geschlagen
Das Elementenkind.

Ja, frei an Füß' und Händen
Ist er ein lockrer Fant,
Doch hinter Kerkerwänden,
Da wird er ein Gigant:
In tausend Trümmerreste
Zerschlägt er jede Haft,
Mit ihrer Dicht' und Feste
Wächst seine Riesenkraft.

Selbst da, wo seiner Zelle
Ein schmales Pförtlein blieb,
Ringt er nach Luft und Helle
Mit solchem Sturmestrieb,
Daß, wenn ihn beim Entwischen
Des Tores Enge hemmt,
Den Kerker unter Zischen
Er auf die Schulter klemmt.

Und so, trotz eh'rner Fessel
An Füßen noch und Hand,
Reißt er den Kerkerkessel
Im Fluge mit durchs Land,
Reißt ganze Häuserreihen
Mit fort, wie Wirbelwind,
Bis wieder er im Freien
Nichts als - ein spielend Kind.

Die große Karthause vor Papst Paul

Und es sprach Papst Paul: »Die große Karthaus
In der Freigrafschaft treibt es mir zu kraus;
Auch Frommsein trägt Gefahren im Schoß,
Kasteien zieht den Hochmut groß,
Kasteien ist ihnen Zweck und Ziel,
Ewiges Fasten, das ist zu viel.
Ich sehe kommen der Dinge Lauf:
Ohne Zehrung zehren sie *selbst* sich auf,
Und ihr Orden wird ein schwächlicher Schaft,
Morsch und mürb' ohne Saft und Kraft.«

Des kam ihnen Kund' in einem Brief.
Der Abt die Mönche zusammenrief;
Und es sprach der Abt: »Frei sei's gesagt,
Es haben uns unsre Feinde verklagt,
Ein Neider oder ein Leckerling
Den heiligen Vater hinterging,
Der sieht nun die Dinge von Grund aus schief,
Sonst schrieb' er uns nicht einen solchen Brief.
Ich aber schick' Antwort. Bruder Gregor
Und Eustach und Rollo, tretet vor,
Und Cyrill und Gaston und du, Bruder Hugh –
Hugh, du bist neunzig, du führst den Zug.«

Da traten die Sechs zum Zuge zusamm;
Und winters, über den Gotthard-Kamm,
Einzeln und nebeneinanderher,
Ein jeder achtzig oder mehr,
So passierten sie Gletscher und Wald und Strom,
Bis daß sie hielten vorm ewigen Rom.

Und der Papst empfing sie. »Was euer Begehr?«
»Die große Karthause schickt uns her.
Die große Karthaus' ist, was sie war,
Zusammen sind wir fünfhundert Jahr;
Was gab uns die Jahre? Was ließ uns gedeihn?

Fasten war es und Kastein;
Dem Leib gehorchen, zehrt auf das Mark,
Den Leib bezähmen, macht stählern und stark.
Im Schneesturm, über die Berge hin,
Zogen wir; wende deinen Sinn;
Daß morsch wir würden, noch hat es nicht Not,
Heil'ger Vater, nimm von uns dein Gebot.«

Da lächelt Papst Paul: »Ihr meidet den Wein,
An meinen Tisch sonst lüd' ich euch ein.
Doch kenn' ich ein andres, das gilt euch mehr:
In eure Karthause die Wiederkehr.
Ihr habt mich besiegt: aller Größe Keim,
Er heißt Entsagung ... Zieht heim, zieht heim.«

Der Tag von Hemmingstedt

Denk an den Tag von Hemmingstedt,
Wo siebentausend abgemäht!
Schläft Ditmars Vater unterm Sand,
Ist Ditmars Sohn noch bei der Hand.

Und über Johann von Dänemark kam seine finstre Stunde –
Er murmelt: »Es brennt im Herzen mir die alte Ditmarsenwunde!
Beim Himmel, es soll nicht Messer, nicht Scher' mir Bart noch Haupthaar stutzen
Bis daß ich wieder ins Joch gebeugt dies bauernstolze Trutzen.«

Und Boten sendet er in die Marsch, die künden allerwegen:
»Drei Schlösser will unser König und Herr in eure Lande legen,
Nach Meldorf eins, an den Elbstrom eins und das dritt' an die Lundner Fähre« –
Es brachte da Zornes viel ins Land die königliche Märe.

Und von den Bauern Wolf Isebrand, der sprach: »Er mag nur kommen!
Wir haben aus keines Königs Hand dies Land zu Lehn genommen,
Wir sind zudem vom Aufrechtgehn versteift in unsern Hälsen,
Und wer seine Schlösser auf Marschgrund baut, der baut sie nicht auf Felsen.

Dies Land ist unser, wir haben's im Kampf der Sturmflut abgerungen,
Wir bangen vor keines Königs Zorn, wir, die wir das Meer bezwungen,
Unser altes Recht, unser alter Mut – so werden wir nicht zu Schanden;
Noch lebt der Gott, der bei Bornhövd auf unsrer Seite gestanden.«

Da gingen die Boten. Bei Rendsburg war's, wo sie den König trafen,
Der lagerte da, drei Nächte schon, samt seinen Fürsten und Grafen,
Es stieß dazu viel kriegerisch Volk von Jütland und von Fühnen,
All' wollten sie brechen den Bauernstolz und die Schmach des Königs sühnen.

Von Deutschland auch viel edele Herrn hernieder ins Lager kamen:
Zwei junge Grafen von Oldenburg, Adolf und Otto mit Namen,

Mit ihnen zugleich manch Holsten-Geschlecht um den Danebrog sich scharte:
Fünf Rantzaus, sieben von Ahlefeld und vierzehn Wackerbarte.

Und Söldner auch; – Gesindel war's aus Rheinland, Franken und Sachsen,
All' hatten sich längst, durch Mord und Brand, in die Schlinge hineingewachsen.
Die ›sächsische Garde‹ hieß man sie, wohl auch die »*schwarze Bande*«,
Verheerend, wie der schwarze Tod, zogen sie durch die Lande.

Ihr Führer aber war der Junker Slenz, der maß sechs rheinische Schuhe,
Heut brach er am Wege die Schlösser ab und morgen an der Truhe,
In Flechten hing sein flachsenes Haar wie Stricke herab, zum Würgen,
Er hatte zwei Feuerräder im Kopf und hieß – der lange Jürgen.

Und Jürgen Slenz, an der Seite Johanns, vorauf die gepanzerten Glieder,
So führt er heut, unter schmetterndem Klang, das Heer in die Marsch hernieder,
Zwölftausend sind's, schon dringen sie vor auf der Marschen getrocknetem Schlamme –
Um Rache schreit in die Nacht hinein brennender Dörfer Flamme.

Die Bauern aber, kaum tausend Mann, zogen sich rasch zurücke,
Bis daß sie kamen, um Mitternacht, an die Hemmingstedter Brücke,
Sie fanden da Wall und Graben noch aus der Zeit der alten Sassen,
Und es sprach Wolf Isebrand: »Hier sei's, hier wollen wir auf sie passen!«

Man hielt. Nur einer murmelte bang: »Das mög' unser Heiland nicht wollen,
Wir sind hier am Tausend-Teufels-Wall, wo die Moorelfen tanzen und tollen,
Mit den Flammenbüscheln das Irrlichtvolk, es haust hier unterm Rasen,
Und bei Vollmond kommt das Feuerpferd, um die Büschel abzugrasen.«

Da stutzten die andern; Wolf aber rief: »Was Irrlicht und was Elfen,
Wenn droben der Himmel mit uns ist, muß auch die Hölle helfen.
Die Nacht ist schwarz, wir brauchen Licht, laßt's nur da unten flimmern,
Wir wollen ein christlich Bollwerk hier trotzdem zusammenzimmern.«

Da griffen sie freudig nach Spaten und Axt, vorbei war Murren und Stutzen,
Sie schleppten das Brückengebälk herbei, als Pfahlwerk es zu nutzen,
Sie füllten und stopften, mit Moor und Schlamm, des alten Erdwalls Lücken
Und warfen zuletzt ihm Rasen und Sand, drei Fuß hoch, auf den Rücken. -

So kam der Tag, und mit ihm kam, goldblinkend, die sächsische Garde,
Hell spiegelte sich der Morgenstrahl auf Harnisch und Hellebarde,
Die trotzige Schar, rasch rückte sie vor, gegliedert und dicht geschlossen,
Nicht kümmerte sie der Hagelgruß von Steinen und Wurfgeschossen.

Jetzt war sie heran, zwischen ihr und dem Wall war nur noch des Grabens Quere,
Da schnürten die Vordersten schnell in eins je zwölf ihrer kantigen Speere,
Sie warfen wie Balken querüber dann die Bündel aus Speer und Lanze,
Und über die fliegende Brücke hinweg wollten sie gegen die Schanze.

Umsonst; man stieß sie rücklings hinab - es fehlte das Brückengelände -,
Da nahmen die Folgenden, springstockgleich, ihren Speerschaft in die Hände,
Sie setzten ihn auf, und war es mißglückt, im Sturmschritt vorzudringen,
So sollte nun Sprung- und Hebelkraft im Flug sie hinüber-schwingen.

Umsonst auch das; sie sprangen zu kurz; wer dennoch das Ufer erklettert,
Der ward, unter wildem Freudengeschrei, von den Bauern zu Boden geschmettert,
Dumpf dröhnte die Axt - bis plötzlich jetzt die Freudenrufe verklangen,
Wolf Isebrand murmelte vor sich hin: »Hilf Himmel, wir sind umgangen!«

So war's. Zu schwanken begann der Kampf, immer mächtiger wurden die Dränger,
Da trat Gott selbst für die Schwachen ein und rief: »Ich will es nicht länger!«
Und er schickte die Flut, die stieg am Strand bis hoch an die Schleusenpforte
Und rüttelte dran und rief: »Macht auf! da drinnen bin ich am Orte.«

Die Wächter am Strande zögerten noch, da sieh, unter Schäumen und Kochen,
- Die Hilfe Gottes kam mit Gewalt! - wurde die Schleuse zerbrochen,

Schon über die Felder von Hemmingstedt hinbrausten Wogen und Wetter, -
Das Meer, der Marsen alter Feind, heut kommt es als ihr Retter.

Sie nahmen jetzt wieder festen Stand hinterm Tausend - Teufels - Walle,
Da waren sie sicher vor der Flut und behielten den Feind in der Falle,
Der wandte sich rechts und wandte sich links, doch der Tod war immer zur Stelle,
Wer floh, den faßte die Marsenfaust, wer stand, den faßte die Welle.

Nur Jürgen Slenz, der ritt an den Wall, als wäre noch nichts verloren,
Ein stieß er tief, zum Sprunge bergan, seinem friesischen Hengste die Sporen;
Jetzt war er hinauf - er schaute sich um, wie wohl in besseren Tagen,
Und rief: »Wer ein Herz im Leibe hat, der mag es mit mir wagen! «

Das hörte der Reimer von Wimerstedt, der hatte Lust zum Streite,
Er sprang heran und schlug mit der Axt den Speer des Junkers zur Seite,
Er holte dann aus, einen vollen Hieb auf die stählerne Brust zu führen,
Und - fest im Panzer stak die Axt, tät sich nicht rücken, nicht rühren.

Der Hieb war gut, doch unversehrt waren des Jürgen Glieder,
Da riß der Reimer und wuchtete traun am Axtstiel ihn hernieder,
Er trat ihm dann, fünf Finger breit, das Eisen zwischen die Rippen,
Es kam kein Laut, kein Seufzer mehr über des Junkers Lippen.

Das war das Ende von Jürgen Slenz; mit ihm zu Tode kamen
- Die Knechte und Söldner ungezählt - viel hundert tapfere Namen,
Zumal auch, was von Holstein her um den Danebrog sich scharte:
Fünf Rantzaus, sieben von Ahlefeld und vierzehn Wackerbarte.

Der König aber floh zu Schiff bis in seine Stadt am Sunde,
Er trug zu der alten Narbe heim eine neue brennende Wunde,
Die neue Wunde - bis in den Tod wollt' ihm die nie verharschen -,
Das war der Tag von Hemmingstedt, der Brauttag der Dithmarschen.

Der 6. November 1632

(Schwedische Sage)

Schwedische Heide, Novembertag,
Der Nebel grau am Boden lag,
Hin über das Steinfeld von Dalarn
Holpert, stolpert ein Räderkarrn.

Ein Räderkarrn, beladen mit Korn;
Lorns Atterdag zieht an der Deichsel vorn,
Niels Rudbeck schiebt. Sie zwingen's nicht,
Das Gestrüpp wird dichter; Niels aber spricht:

»Buschginster wächst hier über den Steg,
Wir gehen in die Irr', wir missen den Weg,
Wir haben links und rechts vertauscht –
Hörst du, wie der Dal-Elf rauscht?«

»Das ist nicht der Dal-Elf, der Dal-Elf ist weit,
Es rauscht nicht vor uns und nicht zur Seit',
Es lärmt in Lüften, es klingt wie Trab,
Wie Reiter wogt es auf und ab.

Es ist wie Schlacht, die herwärts dringt,
Wie Kirchenlied es dazwischen klingt,
Ich hör' in der Rosse wieherndem Trott:
Eine feste Burg ist unser Gott!«

Und kaum gesprochen, da Lärmen und Schrei'n,
In tiefen Geschwadern bricht es herein,
Es brausen und dröhnen Luft und Erd',
Vorauf ein Reiter auf weißem Pferd.

Signale, Schüsse, Rossegestampf,
Der Nebel wird schwarz wie Pulverdampf,
Wie wilde Jagd, so fliegt es vorbei –
Zitternd ducken sich die Zwei.

Nun ist es vorüber ... Da wieder mit Macht
Rückwärts wogt die Reiterschlacht,
Und wieder dröhnt und donnert die Erd',
Und wieder vorauf das weiße Pferd.

Wie ein Lichtstreif durch den Nebel es blitzt,
Kein Reiter mehr im Sattel sitzt,
Das fliehende Tier, es dampft und raucht,
Sein Weiß ist tief in Rot getaucht.

Der Sattel blutig, blutig die Mähn',
Ganz Schweden hat das Roß gesehn –
Auf dem Felde von Lützen am selben Tag
Gustav Adolf in seinem Blute lag.

Schloß Eger

Lärmend, im Schloß zu Eger,
Über dem Ungarwein,
Sitzen die Würdenträger
Herzogs Wallenstein:
Tertschka, des Feldherrn Schwager,
Illo und Kinsky dazu,
Ihre Heimat das Lager,
Und die Schlacht ihre Ruh.

Lustig flackern die Kerzen;
Aber der Tertschka spricht:
»Ist mir's Nacht im Herzen
Oder vorm Gesicht?
Diese Lichter leuchten
Wie in dunkler Gruft,
Und die Wände, die feuchten,
Hauchen Grabesluft.«

Feurig funkelt der Unger;
Aber der Kinsky spricht:
»Draußen bei Frost und Hunger
Schüttelte so mich's nicht,
Hielte lieber bei Lützen
Wieder in Qualm und Rauch;
Wolle Gott uns schützen,
Oder – der Teufel auch.«

Illo nur, Herz wie Kehle
Hält er bei Laune sich,
Dicht ist seine Seele
Gegen Hieb und Stich,
Trägt ein Büffelkoller
Wie sein Körper traun,
Lustiger und toller
War er nie zu schaun.

Und vom Trunke heiser
Ruft er jetzt und lacht:
»Das erst ist der Kaiser,
Wer den Kaiser macht;
Eid und Treue brechen,
Taten wir's allein?
Hoch der König der Tschechen,
Herzog Wallenstein!« –

Burg- und Schloßbewohner
Ruhen ... Da sieh, in Stahl,
Buttlersche Dragoner
Dringen in den Saal;
Buttler selbst, im Helme,
Tritt an den Illo: »Sprich,
Seid ihr Schurken und Schelme
Oder gut kaiserlich?! «

Hei, da fahren die Klingen
Wie von selber heraus,
Von dem Pfeifen und Schwingen
Löschen die Lichter aus;
Weiter geht es im Dunkeln,
Nein, im Dunkeln nicht:
Ihrer Augen Funkeln
Gibt das rechte Licht.

Tertschka fällt; daneben
Kinsky mit Fluch und Schwur;
Mehr um Tod wie Leben
Ficht selbst Illo nur,
Schlägt blindhin in Scherben
Schädel und Flaschen jetzt,
Wie ein Eber im Sterben
Noch die Hauer wetzt.

Licht und Fackel kommen,
Geben düstren Schein:

Ineinander verschwommen
Blinken Blut und Wein;
Überall im Saale
Leichen in buntem Gemisch,
Stumm, vor seinem Mahle,
Sitzt der Tod am Tisch.

Buttler aber, wie Wetter,
Donnert jetzt: »Laßt sie ruhn!
Das sind erst die Blätter,
An die Wurzel nun.«
Bald in Schlosses Ferne
Hört man's krachen und schrei'n; –
Schau nicht in die Sterne,
Rette dich, Wallenstein!

Jan Bart

Jan Bart geht über den Vlissinger Damm.
»Hür', Katrin, wi trecken tosamm;
En Huus, en Boot, 'ne Zieg' un 'ne Kuh,
Wat mienst, Katrin? Sy miene Fru.«

Katrin an ihrem Friesrock zog:
»Ne, Jan, bist mi nich Mynherr 'noog.«
Der nickt und lacht: »Na, denn Adje.«
Und nach Frankreich geht er und sticht in See.

Matrose, Maat, so fängt er an,
Auf der zweiten Reise: Steuermann,
Auf der dritten: Leutnant unter Du Quesne,
Auf der vierten: Flottenkapitän.

Und als es mit England kommt zum Krieg,
Wo Jan Bart erscheint, erscheint der Sieg,
Wie stolz das britische Banner auch weh',
Jan Bart ist Herr und fegt die See.

Heut aber tritt er vor seinen Herrn,
Vor Louis quatorze. Der sieht ihn gern.
»Willkommen, Jan Bart, in diesem Saal,
Ich ernenn' Euch zu meinem Groß-Admiral.«

Jan Bart verneigt sich: »Majestät,
Was klug und recht ist, kommt nie zu spät.«
Alles starrt auf den König, der aber lacht –
Jan Bart hat sich wieder heim gemacht.

Und am Vlissinger Damm, an alter Stell',
Sitzt wieder Katrin auf ihrer Schwell',
Ihren Ältsten hält sie bei der Hand,
Der Jüngste liegt und spielt im Sand.

Er grüßt sie lachend und noch einmal:
»Katrin, ich bin nu Groß-Admiral,
Katrin, w'rüm biste nich mit mi goahn?«
»Joa, wenn ick't *wußt* hätt', hätt' ick't doahn.«

Bienen-Winkelried

Nur kein Gegrübel,
Was es sei;
Wohl oder Übel –
Der Scherz ist frei.

Die Wespen und die Bienen,
Sie haben sich entzweit:
Guelfen und Ghibellinen,
So stehen sie im Streit.
Schon um die heimische Linde,
Wie um ihr letztes Haus,
Sammelt das Bienengesinde
Sich zum entscheidenden Strauß.

Eine (sie stund auf Wache,
Und das Weinen war ihr nah)
Schwur: »Eine herrliche Sache
Sei dies mori pro patria!
Daß ihr Stand so ein harter,
Freue sie fast zu sehn,
Wie die dreihundert Sparter
Würden sie untergehn.«

Sprach da eine Zweite:
»Wohl, sie stimme dem bei,
Daß zu fallen im Streite
Süß und löblich sei;
Nur sie wäre verwundert,
Daß man auf Sparta säh',
Pforzheim und seine Vierhundert
Hätte man ja in der Näh'.«

Sprach es. Da schwarz am Himmel,
Wie Heuschreckenzug,
Nahte das Wespengewimmel
Sich im Siegesflug.

Solche Schwärme und Flüge
Nimmer der Garten sah,
Wahre Hunnenzüge
Waren's des Attila.

Bald in gebogenem Horne,
Bald in gespitztem Keil
Stürmten sie - aber nach vorne
Immer den Stachelteil;
Ach, die Bienen, in Demut
Wurden sich des bewußt,
Und unendliche Wehmut
Schlich in ihre Brust.

Siehe, da schnell ein Sasse
Tritt hervor aus den Reih'n:
»Mach' euch eine Gasse,
Liebe Genossen mein!«
Und als ob es ihm wäre
Heldischer Zeitvertreib,
Drückt er dreizehn Speere
Sich in Brust und Leib.

Da, die Bienen klammern
Grimm an den Feind sich an,
Alle Wespen jammern:
»Rette sich, wer kann!«
Aber mit Waffen, schartig,
Hummeln und andere mehr
Fallen jetzt landsturmartig
Über die Flüchtigen her.

Abend kommt; es schattet;
Letzte Röte schied;
Siehe, da wird bestattet
Bienen-Winkelried.
Solch ein Gästegedränge,
Alle mußten's gestehn,

Und solch Leichengepränge
Hatten sie nie gesehn.

Rings auf Spitzen und Türmchen
An dem Heckenzaun
Glühten Johanniswürmchen
Hell wie Fackeln traun;
Taghell so beleuchtet
Kam der Zug daher,
Jedes Auge gefeuchtet,
Jedes Herze schwer.

Vorne drei Hummelbrummer
Schritten ernst und barsch,
Trommelten in Kummer
Ihren Trauermarsch;
Dann, mit Ruhm zu melden,
Kam der wächserne Sarg,
Der des Helden der Helden
Irdische Hülle barg.

Vier kohlschwarze Käfer
- Allen wohlbekannt -
Waren, als Rappen, dem Schläfer
Drinnen vorgespannt;
Auf dem Deckel oben
Lagen, Schaft an Schaft,
Alle die dreizehn Proben
Seiner Ritterkraft.

Still des Zuges Spitze
Hat jetzt eingelenkt:
In eine Mauerritze
Wird der Sarg gesenkt.
Dann, wie Kriegsgesinde
Rasch den Gram vertauscht,
Haben im Duft der Linde
Alle sich berauscht.

Die Schlacht am Cremmer-Damm

1334

(Nach dem Alt-Pommerschen)

Und als Herzog Barnim, der vielkleine Mann,
Um mit Markgraf Ludwig zu fechten,
War bis an den Cremmer-Damm heran,
Sprach er zu Rittern und Knechten:

»Das Cremmer Luch ist ein garstig Loch,
Und den Feind daraus zu vertreiben,
Ich denke, Leute, wir lassen's noch
Und wollen diesseits bleiben.

Wir schreiben aus eine große Steu'r,
Und wer sich nicht will bequemen,
Den zwingen wir mit Wasser und Feu'r
Und wollen das Vieh ihm nehmen.«

Der Rat gefiel den Pommern all,
Und verquer an den beiden Ecken
Gruben sie hastig Graben und Wall,
Dahinter sich zu verstecken.

Markgraf Ludwig aber, der tapfere Held,
Drüben sah man ihn reiten,
Er dachte: ›Die Pommern stehen im Feld
Und werden den Damm überschreiten.‹

Als aber keiner sich's unterwand,
Ließ er seinen Trompeter kommen
Und sagte: »Nimm deine Trompet in die Hand
Und blas, bis sie's drüben vernommen.

Und sage dem Herzog Barnim an,
Ich hätte groß Verlangen,

Ihn und seine Ritter, Mann für Mann,
Hier diesseits zu empfangen.

Und wenn es hier diesseits ihm nicht behagt,
So wollt' ich ihm versprechen,
Auch auf dem Luch-Damm unverzagt
Eine Lanze mit ihm zu brechen.«

Drauf *der*: Er woll' ihm Rede stehn;
Nicht-kommen, das dünk' ihm Sünde,
Sie wollten sich treffen und wollten sehn,
Wer das Spiel am besten verstünde.

Da ging es vom Graben den Damm hinauf,
Drauf standen dicht die Märker,
Die wehrten sich einzeln und zu Hauf,
Aber Herzog Barnim war stärker.

Die Märkischen konnten nicht bestahn,
Das Luch war ihr Verderben,
Und viele mußten da liegen gahn
Und ohne Wunde sterben.

Und mählich wichen sie Schritt für Schritt,
Vor Cremmen weiter zu fechten,
Die Pommern folgten in festem Tritt,
Die Ritter mitsamt den Knechten.

Aber vor Cremmen hielt man an
Und mußte draußen bleiben,
Die Märkischen standen da Mann an Mann
Und waren nicht zu vertreiben.

Sie schossen hinunter aus Turm und Tor
In das pommersche Gedränge,
Dann drängten sie selber wieder vor,
Tote gab es die Menge.

Da sprach Schwerin: »Das tut kein gut,
Laßt uns den Damm erfassen,
Oder wir müssen unser Blut
Hier alle vor Cremmen lassen.«

So zogen sie wieder dem Damme zu,
Heimwärts ohn' Schimpf und Schade,
Zuletzt ging auch der Krieg zu Ruh' –
Gott geb' uns seine Gnade.

Der Quitzowen Fall und Untergang

1414

(Nach dem Alt-Märkischen)

Und Christ im Himmel erbarmte sich:
Da gab er zum Trost uns männiglich
Unseren Markgraf *Friederich,*
Einen Fürsten lobesamen.

Das ist ein Fürst von eigner Art,
In ihm sind Kraft und Mut gepaart;
Ob Laien oder wohlgelahrt,
Alle preisen seinen Namen.

Zu loben ihn uns wohl ansteht,
Ihn, den so lange die Mark erfleht;
Gott selber in seiner Majestät
Hat ihn uns erwecket.

Seit Kaiser Karl zu Prag uns starb,
Das Land verkam, das Land verdarb,
Bis *Friedrich* unsre Mark erwarb,
Das hat die Räuber erschrecket.

Und die ihm wollten widerstehn,
Wie der Kuckuck waren sie anzusehn,
Er war der Adler, sie waren die Krähn.
Er zerstäubte sie geschwinde.

Die *Quitzowschen* schwuren einen Eid:
»Wir machen ihm das Land zu Leid«,
Und dazu waren sie wohl bereit
Mit ihrem Ingesinde.

»Was soll uns der Nürrenberger Tand?
Ist Spielzeug nur in unsrer Hand,

Wir sind die Herren in diesem Land
Und wollen es beweisen.

Und regnet's Fürsten noch ein Jahr,
Das macht nicht Furcht uns und Gefahr,
Er soll uns krümmen nicht ein Haar,
Nach Hause soll er reisen.

Und kommt zu Fuß er oder Pferd,
Mit Büchse, Tartschen oder Schwert,
Uns dünkt es keinen Heller wert,
Er muß dem Land entsagen.

Und will er nicht, es tut nicht gut;
Wir stehen mutig seinem Mut,
Zehn Schlösser sind in unsrer Hut,
Er soll uns nicht verjagen.«

Als das die Fürstenschaft vernahm,
In Hasten alles zusammenkam;
Einem jeden wär' es Schimpf und Scham,
Wär' er da *nicht* gekommen.

Der Bischof von Magdeburg war zur Hand,
Günter von Schwarzburg war er genannt,
Nach *Plaue* hat er sich gewandt
Und die »Grete« mitgenommen.

Dann zog heran ein Sachsenhauf',
Herzog Rudolf allen vorauf.
Nach *Golzow* nahm er Ziel und Lauf
Und stellte sich vor die Feste.

Da ließ er schwenken seine Fahn':
»Ich denke, rasch ist gut getan,
Laßt uns an ein Stürmen gahn,
Und jeder tue das beste.«

Burggraf Friedrich aber vor *Friesack* zog,
Der Graben war tief, die Mauer war hoch,
Aber die Franken stürmten sie doch,
Alle wollten sie Ritter werden.

Ein Hagel von Pfeilen sie flugs empfing,
Da schützte nicht Schiene, nicht Panzerring,
Mancher Pfeil bis in das Herze ging,
Und viele sanken zu Erden.

Ja, Pfeile flogen und Kugel und Stein,
Da riefen die Franken: »Tritt für uns ein,
Maria, woll' uns gnädig sein,
Auf daß der Hochmut erliege.«

Die heilige Jungfrau, sie war es gewillt,
Sie lieh den Stürmenden ihren Schild,
Ein jeder sah ihr Himmelsbild,
Und so schritten sie zum Siege.

Das Wetter war kraus und ungestalt,
Es regnete, schneite und war kalt,
Die Schlösser kamen in unsre Gewalt,
Weil Gott im Himmel es wollte.

Friesack, Plaue, Rathenow,
Und Golzow und Beuthen ebenso,
Sie huldigen Friedrich, und alle sind froh,
Daß Recht Recht bleiben sollte.

Die Fürsten lenkten heimwärts ein,
Desgleichen die Städte, groß und klein;
Viele waren geschossen durch Hüft' und Bein
Und hinkten nach Haus an Krücken.

Ach, reicher Gott, den Fürsten gut,
Nimm ihn gnädig in deine Hut

Und woll' ihn durch dein heilig Blut
Erquicken und beglücken.

Auch seiner edlen Fraue zart
Sei'n deine Gnaden aufgespart,
Dann sind allbeide wohlbewahrt
In deinem Himmel droben.

In deinem Himmel, nach dem wir schaun,
Auf den wir all in Hoffnung baun,
Um willen Unsrer lieben Fraun,
Die wir rühmen und preisen und loben.

Die Gans von Putlitz

und die Erstürmung von Angermünde

25. März 1420

(Nach dem Alt-Pommerschen)

Ein neues Lied gesungen sei:
Nach dem Winter, da kommt der Mai,
Das haben wir wohl vernommen;
Und daß Kettr-Angermünde märkisch ward,
Das soll dem Markgrafen frommen!

Johann von Briesen ließ sich jagen
Von Kettr-Angermünde bis Greifenhagen,
All' Mut war ihm gebrochen;
Da ging er zu Hofe nach Alten-Stettin
Und hat zu dem Herzog gesprochen:

»Gnäd'ger Herre, was zu halten stand:
Kettr-Angermünd und das Stolper Land,
Ist verloren und verdorben;
Der *Markgraf* hält es jetzt in Hand,
Und doch hieß es: er sei gestorben.«

Da ließ der Herzog entbieten und holen
All seine Mannschaft, Pommern und Polen,
Nach Vierraden ritt man zu Tische;
Da setzten sie sich und hielten Rat
Und aßen süße Fische.

Dann ritten sie weiter, und kaum heran,
Angermünde ward ihnen aufgetan,
Alle haben dem Herzog geschworen,
Und alle riefen: »Stettin, Stettin!«
Und Brandenburg war verloren.

Aber draußen hinter Wall und Graben,
Die Märkischen schon sich gesammelt haben,
Vierhundert Reiter und Knechte;
Die *Gans von Putlitz* führet sie,
Zischend, auf daß sie fechte.

Ja, die *Gans*, der wollt' es nicht behagen –
Sie streckte zornig ihren Kragen
Über die Pommern alle;
Da schwebte der märkische Adler hoch,
Und die Greifen kamen zu Falle.

Die Gans aber wuchs im Grimme noch,
Sie schlug mit den Flügeln ein Brescheloch,
Und da stand sie nun zwischen den Steinen,
Und als sie bis zum Markte kam,
Waren sie zehn gegen einen.

Da gingen die Schwerter die Klinker die Klang,
Herr Detleff Schwerin mit dem Putlitz rang
Und wollte den Preis erwerben;
Da mußte Herr *Detleff von Schwerin*
Für seinen Erbherrn sterben.

Das war des Herzogs schwerster Tag,
Als da Herr Detleff vor ihm lag,
Zerhackt, in Blut und Wunden,
Und er rief: »O hätt' ich über den Damm
Erst wieder zurücke gefunden!«

Er sprach es und ritt im Zuge vorn,
Er gab seinem Rosse Schlag und Sporn
Und suchte die Zügel zu fassen;
So kam er bis an das »hohe Haus«,
Da ward er eingelassen.

Das war zu Vierraden. Auf Schlosses Brück'
Einmal noch sah er zurück, zurück,

Im Herzen voll Weh und Leide:
»Kettr-Angermünde, du vielgute Stadt,
Daß so ich von dir scheide!«

Der aber, der dies Lied euch sang,
Ein Schmiedeknecht ist er schon lang',
Und sie nennen ihn Köne Finken;
Und er führt ein Hämmerchen auf der Hand,
Und Gut-Bierchen mag er trinken.

Der Tod des letzten Grafen von Ruppin

1524

(Nach dem Alt-Märkischen)

Der edle Herr Wichmann zog jagen aus,
Eine »falsche Frau« ließ er zu Haus
Mit ihren vergüldeten Ringen.

»Ach Karsten, mir ist im Herzen so weh,
Laß uns heimziehn, daß ich die Mutter seh',
Ich mag nicht länger reiten.«

Sie machten ihm eine Stube heiß,
Darinnen ein Bett, so weich und weiß,
Drin sollte der Herre ruhen.

Sie schenkten ihm Met und italischen Wein,
Das nahm dem Herrn das Leben sein,
Dem edlen Herrn Wichmanne.

»Großmutter und liebe Schwester mein;
Steckt in meinen Mund ein Tüchelein
Und kühlet meine Zunge.

Daß ich nun von euch scheiden soll, -
Ach, der bittre Tod, der will es wohl!
Und möchte so gern noch leben.«

Einen schwarzen Wagen, drin legten sie ihn,
Sie führten zu Nacht ihn nach Neuen-Ruppin,
Sie begruben ihn in das Kloster.

Sie schossen ihm nach sein' Helm und Schild,
Sie hingen auf sein Wappenbild
Am Pfeiler im hohen Chore.

Die alte Gräfin murmelte still:
»Nun muß ich wollen, was ich nicht will,
Und leben – ich, die *Letzte*.«

Wangeline von Burgsdorf

oder
Die weiße Frau

(Fragment)

Das ist die Sage: Und will Gefahr
Die Hohenzollern umgarnen,
Da wird lebendig ein alter Fluch,
Die *weiße Frau* im Schleiertuch
Zeigt sich, um zu warnen.

Sie kommt dreimal, geht um dreimal,
Zögernder immer und trüber,
Die Wache ruft ihr Halt-Werda nicht mehr,
Sie weiß, *den* Gast schreckt kein Gewehr –
Der Schatten schreitet vorüber.

Die Lichter verglühn, im Schloß wird's still,
Nur Eine, die sich noch schmücken will,
Sie tritt an den Spiegel und löst ihr Haar,
Wangeline die schöne, wie schön sie war.

Sie schmückt sich; für wen? Für ihren Galan:
Kurt Jagow hat es ihr angetan;
Sie sahen sich viel, sie küßten sich oft,
Wird heut er kommen? Sie harrt, sie hofft.

Sie hofft und wirft mit schimmernder Hand
Ihr schwarzes Haar übers weiße Gewand,
Sie flüstert: »Ich lieb' ihn mit Seel' und Leib –
Was soll mich kümmern sein gramblaß Weib.

Und ob ihr bräche das Herz in der Brust,
Je blasser die Tote, je röter die Lust,
Feigherzig Gewissen, fahr hin, fahr hin,
Es brennt mein Blut, und es schwindelt mein Sinn.«

Sie spricht es. Da sieh, hellblendender Schein
Fällt von der Tür in den Spiegel hinein;
Sie wendet sich um, auf schreit sie jäh –
Ein trat Kurfürstin *Dorothee*.

Die zittert selbst. In bebender Hand
Mit bebt die Kerze, halb niedergebrannt ...

Der alte Derffling

Es haben alle Stände
So ihren Degenwert,
Und selbst in Schneiderhände
Kam einst das Heldenschwert;
Drum jeder, der da zünftig
Mit Nadel und mit Scher',
Der mache jetzt und künftig
Vor Derffling sein Honneur.

In seinen jungen Tagen
War das ein Schneiderblut,
Doch mocht' ihm nicht behagen
So Zwirn wie Fingerhut;
Und wenn er als Geselle
So saß und fädelt' ein,
Schien ihm die Schneiderhölle
Die Hölle selbst zu sein.

Einst, als das Nadelhalten
Ihm schier ans Leben ging,
Dacht' er: ›Das Schädelspalten
Ist doch ein ander Ding‹;
Fort warf er Maß und Elle
Voll Kriegslust an die Wand
Und nahm an Nadels Stelle
Den Säbel in die Hand.

Sonst focht er still und friedlich
Nach Handwerksburschen-Recht,
Jetzt war er unermüdlich
Beim Fechten im Gefecht;
Es war der flinke Schneider
Zum Stechen wohl geschickt,
Oft hat er an die Kleider
Dem Feinde was geflickt.

Er stieg zu hohen Ehren,
Feldmarschall ward er gar,
Es mocht' ihn wenig kehren,
Daß einst er Schneider war;
Nur, fand er einen Spötter,
Verstund er keinen Spaß
Und brummte: »Für Hundsfötter
Ist hier mein Ellenmaß.«

Krank lag in seinem Schlosse
Der greise Feldmarschall,
Keins seiner Lieblingsrosse
Kam wiehernd aus dem Stall;
Er sprach: »Als alter Schneider
Weiß ich seit langer Zeit,
Man wechselt seine Kleider –
Auch hab' ich des nicht Leid.

Es fehlt der alten Hülle
In Breite schon und Läng',
Der Geist tritt in die Fülle,
Der Leib wird ihm zu eng;
Gesegnet sei dein Wille,
Herr Gott, in letzter Not!«
Er sprach's und wurde stille –
Der alte Held war tot.

Der alte Dessauer

Ich will ein Lied euch singen!
Mein Held ist eigner Art:
Ein Zopf vor allen Dingen,
Dreimaster, Knebelbart,
Blitzblank der Rock vom Bürsten
Und jeder Knopf wie Gold –
Ihr merkt, es gilt dem Fürsten,
Dem alten *Leopold*.

All' Wissenschaft und Dichtung
Sein Lebtag er vermied,
Und sprach er je von »*Richtung*«,
Meint' er in Reih und Glied;
Statt Opern aller Arten
Hatt' er nur einen Marsch,
Und selbst mit Schriftgelahrten
Verfuhr er etwas barsch.

Nicht mocht' er Phrasen türmen
Von Fortschritt, glatt und schön,
Er wußte nur zu stürmen
Die Kesselsdorfer Höhn;
Er hielt nicht viel vom Zweifel
Und wen'ger noch vom Spott,
Er war ein dummer Teufel
Und glaubte noch an Gott.

Ja, ja, er war im Leben
Beschränkt, wie man's so heißt,
Und soll ich Antwort geben,
Warum mein Lied ihn preist?
Nun denn, weil nie mit Worten
Er seine Feinde fraß,
Und weil ihm rechter Orten
So Herz wie Galle saß.

Wir haben viel von Nöten,
Trotz allem guten Rat,
Und sollten schier erröten
Vor solchem Mann der Tat;
Verschnittnes Haar im Schopfe
Macht nicht allein den Mann –
Ich halt' es mit dem Zopfe,
Wenn solche Männer dran.

Der alte Zieten

Joachim Hans von Zieten,
Husarengeneral,
Dem Feind die Stirne bieten,
Er tat's wohl hundert Mal;
Sie haben's all' erfahren,
Wie er die Pelze wusch,
Mit seinen Leibhusaren
Der *Zieten* aus dem Busch.

Hei, wie den Feind sie bläuten
Bei Hennersdorf und Prag,
Bei Liegnitz und bei Leuthen,
Und weiter Schlag auf Schlag;
Bei Torgau, Tag der Ehre,
Ritt selbst der *Fritz* nach Haus,
Doch *Zieten* sprach: »Ich kehre
Erst noch mein Schlachtfeld aus.«

Sie kamen nie alleine,
Der *Zieten* und der *Fritz*,
Der Donner war der eine,
Der andre war der Blitz.
Es wies sich keiner träge,
Drum schlug's auch immer ein,
Ob warm', ob kalte Schläge,
Sie pflegten gut zu sein. –

Der Friede war geschlossen,
Doch Krieges Lust und Qual,
Die alten Schlachtgenossen
Durchlebten's noch einmal.
Wie Marschall *Daun* gezaudert,
Und *Fritz* und *Zieten* nie,
Es ward jetzt durchgeplaudert
Bei Tisch, in Sanssouci.

Einst mocht' es ihm nicht schmecken,
Und sieh, der Zieten schlief,
Ein Höfling wollt' ihn wecken,
Der König aber rief:
»Laßt schlafen mir den Alten,
Er hat in mancher Nacht
Für uns sich wach gehalten,
Der hat genug gewacht.« –

Und als die Zeit erfüllet
Des alten Helden war,
Lag einst, schlicht eingehüllet,
Hans Zieten, der Husar;
Wie selber er genommen
Die Feinde stets im Husch,
So war der Tod gekommen
Wie Zieten aus dem Busch.

Seydlitz

1. Herr Seydlitz auf dem Falben

Herr *Seydlitz* auf dem Falben
Sprengt an die Front heran,
Sein Aug' ist allenthalben,
Er mustert Roß und Mann,
Er reitet auf und nieder
Und blickt so lustig drein,
Da wissen's alle Glieder:
Heut wird ein Tanzen sein.

Noch weit sind die Franzosen;
Doch *Seydlitz will* zu Ball,
Die gelben Lederhosen,
Sie sitzen drum so prall;
Schwarz glänzen Hut und Krempe,
Im Sonnenschein zumal,
Und gar die blanke Plempe
Blitzt selbst wie Sonnenstrahl.

Sie brechen auf von Halle,
Die Tänzer allbereit,
Bis Gotha hin zu Balle
Ist freilich etwas weit.
Doch *Seydlitz,* vorwärts trabend,
Spricht: »Kinder, wohlgemut!
Ich denk', ein lust'ger Abend
Macht alles wieder gut.«

Die Nacht ist eingebrochen;
Zu Gotha, auf dem Schloß,
Welch Tanzen da und Kochen
In Saal und Erdgeschoß,
Die Tafel trägt das Beste
An Wein und Wild und Fisch –
Da, ungebetne Gäste
Führt *Seydlitz* an den Tisch.

Die Witz- und Wortspieljäger
Sind fort mit einem Satz,
Die Schwert- und Stulpenträger,
Sie nehmen hurtig Platz;
Herr *Seydlitz* bricht beim Zechen
Den Flaschen all' den Hals,
Man weiß, das Hälsebrechen
Verstund er allenfalls.

Getrunken und gegessen
Hat jeder, was ihm scheint,
Dann heißt es: »Aufgesessen
Und wieder nach dem Feind!«
Der möchte sich verschnaufen
Und hält bei Roßbach an,
Doch nur, um fortzulaufen
Mit neuen Kräften dann. –

Das waren *Seydlitz'* Späße;
Bei Zorndorf galt es Zorn,
Als ob's im Namen säße,
Nahm man sich da aufs Korn;
Das slawische Gelichter –
Herr *Seydlitz* hoffte traun
Noch menschliche Gesichter
Aus ihnen zuzuhaun.

Des Krieges Blutvergeuden,
Die Fürsten kriegten's satt;
Nur Seydlitz wenig Freuden
An ihrem Frieden hat;
Oft jagt er drum vom Morgen
Bis in die Nacht hinein,
Es können dann die Sorgen
So schnell nicht hinterdrein.

Er kam nicht hoch zu Jahren,
Früh trat herein der Tod:

Könnt' er zu Rosse fahren,
Da hätt's noch keine Not;
Doch auf dem Lager, balde
Hat ihn der Tod besiegt,
Der draußen auf der Halde
Noch lang' ihn nicht gekriegt.

2. Seydlitz und der Bürgermeister von Ohlau

In Ohlau der Bürgermeister der Stadt
Eine weiße Zippelmütze hat;
Gegenüber im Kommandantenhaus
Sieht *Seydlitz* morgens zum Fenster hinaus.

Und jeden Morgen, unentwegt,
Sich auch Zippelmütz' ins Fenster legt,
Und wenn der Seydlitz drüben schmaucht,
Auch Zippelmütze sein Pfeifchen raucht,
Und wenn der Seydlitz zum Räuspern ruckt,
Hat Zippelmütze schon ausgespuckt.

Das ärgert den Seydlitz. »Philistergesicht.
Affront dazu; das lieb' ich nicht.«
Und er nimmt Pistolen links von der Wand,
Zielt hinüber mit sichrer Hand,
Zielt und schießt auf dreißig Schritt,
Eine zweite Kugel und nun eine dritt',
Es spritzt der Kalk – der drüben heiter
Zieht seine Mütze, raucht aber weiter,
Und Seydlitz lacht: »Verfluchte Visage.
Aber der Kerl hat Courage.«

Das war im Frieden. Nun steht die Schlacht:
Seydlitz wartet und Seydlitz wacht,
An strahlt ihn der Ruhm, er steigt zu Pferde,
Hundert Schwadronen, es donnert die Erde;
Gestern in Ohlau im Fenster liegen,
Heute bei Zorndorf siegen, siegen –

Wie kam der Wandel! Fragt nicht *wie*.
Klein im Kleinen, im Großen Genie.

3. Und Calcar, das ist Sporn

In Büchern und auf Bänken,
Da war er nicht zu Haus,
Ein Pferd im Stall zu tränken,
Das sah schon besser aus;
An schnallt er die silbernen Sporen,
Blaustählern war der Dorn –
Zu *Calcar* war er geboren,
Und Calcar, das ist Sporn.

Es sausen die Windmühlflügel,
Es klappern Leiter und Steg,
Da, mit verhängtem Zügel,
Geht's unter dem Flügel weg,
Und bückend sich vom Pferde,
'nen vollen Büschel Korn
Aus reißt er aus der Erde –
Hei, Calcar, das ist Sporn.

Sie reiten über die Brücken,
Und Friedrich scherzt: »Je, nun,
Hie Feind in Front und Rücken,
Seydlitz, was würd' Er tun?«
Der, über die Brückenwandung
Spornt er halblinks nach vorn,
Der Strom schäumt auf wie Brandung –
Ja, Calcar, das ist Sporn.

Und andre Zeiten wieder;
O kurzes Heldentum,
Zu Tode liegt er danieder
Und lächelt: »Was ist Ruhm?
Ich höre nun allerwegen

Eines stärkeren Reiters Horn,
Aber auch *ihm* entgegen –
Denn Calcar, das ist Sporn.«

Schwerin

Nun aber soll erschallen
Dir Preis und Ruhm, *Schwerin*,
Der du vor Prag gefallen
Beim Sturme der Batt'rien;
Es lebt in eins verschlungen
»Schwerin« und »Schlacht bei Prag«,
Drum sei dein Lob gesungen
Durch deinen Ehrentag. –

Des sechsten Maies Morgen
Schwebt über Berg und Au,
Der Feind ist wohlgeborgen
Durch Gräben und Verhau;
Es halten seine Flügel
Die Höhen rings besetzt,
Ein feuerspei'nder Hügel
Ist jede Kuppe jetzt.

Hier wird die Schlacht geschlagen!
Steil ist die Bergesbahn,
Doch siegen und nicht wagen,
Das heißt nur halb getan;
Die Grenadiere stürmen,
Kartätschen prasseln drauf,
Und *vor* den Hügeln türmen
Sich Leichenhügel auf.

Am Boden liegt vernichtet
Schwerins Leibbataillon;
Ein Eichwald, tief gelichtet,
So steht ein zweites schon;
Getroffen sinkt danieder
Gen'ral *von Winterfeld*,
Und die zerschoßnen Glieder
Nichts mehr im Feuer hält.

Sie fliehn. Die alte Erde
Bebt selbst, als ob ihr's graut,
Da steigt *Schwerin* vom Pferde:
»Mir nach!« so ruft er laut;
Er faßt die alte Fahne,
Noch nie zur Flucht gewandt,
Daß er den Sieg erbahne
Mit seiner Greisenhand. –

Die Hügel sind erstiegen,
Die Kaiserlichen fliehn,
Doch trauervolles Siegen,
Im Sterben liegt – *Schwerin*;
Vier Kugeln, erzgegossen,
Sie haben ihn zerfetzt,
Die Fahne, die zerschossen,
Sein Bahrtuch ist sie jetzt.

Die Truppen ziehn vorüber
Mit dumpfem Trommelschlag,
Solch Tag des Glücks ist trüber
Als mancher Unglückstag;
Wie Wetterwolkenschwere
Sieht man's am Himmel ziehn,
Sie ziehen vorauf dem Heere,
Sich lagernd über – *Kolin*.

Keith

Da, wo der Strom der Schotten,
Der Tay vom Felsen springt,
Wo's noch in Schlucht und Grotten
Von Bruce und Wallace klingt,
Am Tay, wo blut'ge Siege
Jedweden Fleck geweiht,
Dort stand auch deine Wiege,
Feldmarschall *Jakob Keith*.

Es sang die Hochlandsamme
Mit Schlachten dich in Ruh',
Aus ihrem Clan und Stamme
Pries sie die Helden dazu;
Drum, ehe der Bart am Kinne
Dir sproßte noch hervor,
Standst du, voll Mannessinne,
Schon mit bei Sherifmoor.

Du standest bei den Schwachen,
Die Stuarts mußten fliehn,
Es trug auch dich ein Nachen
Gen Frankreichs Küste hin;
Ein Kunst- und Wanderleben
Hob an, von Land zu Land:
Gastrollen tätst du geben,
Den Degen in der Hand.

Du spieltest alle Rollen,
Den Höfling selbst, mit Glück,
Doch schöpfen aus dem vollen
Ließ dich das Ritterstück;
Das war dein Fach, das Kühne,
Der Mut bis in den Tod,
Und mancher schlechten Bühne
Halfst du aus arger Not. –

Es gab nur eine Truppe
Damals von gutem Ruf,
Das war die glänzende Gruppe,
Die *Friedrich* um sich schuf;
Es suchte sein Theater
Talente weit und breit,
Und siehe, gewinnen tat er
Auch dich auf Lebenszeit.

Nur immer Musterdramen
Gab's da, mal hier, mal dort:
Vor lauter Handlung kamen
Die Spieler kaum zu Wort;
Abwechselnd zu Fuß und zu Rosse
Gab's Lust- und Trauerspiel,
Bei Roßbach, jene Posse
Vor allen wohlgefiel.

Da kam, voll Tod und Wetter,
Von Hochkirch jene Nacht,
Du mußtest auf die Bretter,
O *Keith*, eh' du's gedacht,
Das gab kein sichres Spielen,
Nur Wirrwarr und Geschrei,
Und wenn Stichworte fielen,
War's vollends erst vorbei.

Der Vorhang sollte fallen,
Du aber, rings bedroht,
Riefst: »Bestes Stück von allen
Bleibt ehrenvoller Tod!«
Und so, im Kugelregen,
Tratst du vom Schauplatz ab –
Laß auf dein Grab mich legen
Dies Lied zum Feldherrnstab.

Alte Fritz-Grenadiere

1. Auf dem Marsch

»Alter, was schleppst du dich noch mit?
Humpelst und bist aus Schritt und Tritt:
Warum bliebst du nicht zu Haus?
Mit über sechzig is es aus.«

»*Nich* aus! Ich kann noch im Feuer stehn -
Und wenn dann die Jungen nach mir sehn
Und sehen, der Alte blinzelt nicht
Und rührt kein Haar sich in seinem Gesicht
Und zielt in Ruh und gibt seinen Schuß,
Da machen sie's auch, wie man's machen muß,
Und halten aus in Donner und Blitz -
Im Feuer nicht blinzeln, das kann ich noch, Fritz.«

2. Bei Torgau

Auch die Grenadiere wollen nicht mehr.
Wie ein Rasender jagt der König daher
Und hebt den Stock und ruft unter Beben:
»Racker, wollt ihr denn ewig leben?
Bedrüger ...«
»Fritze, nichts von Bedrug;
Für fünfzehn Pfennig ist's heute genug.«

3. Rekruten-Korporal

In Würzburg, bei den Bischöflichen,
Sind ihm schon sieben Jahre verstrichen;
Seiner Potsdamer Tage, manch liebes Mal
Denkt der alte Korporal.

Auf dem Platze, hart an der Würzburger Brück',
Exerziert er Rekruten vor und zurück,
Zählt und wettert: »Rechten, linken,
Verfluchter Kerl, Speck und Schinken ...«

Ein blutjunger Leutnant, neunzehn schon,
Ärgert sich über den preußischen Ton
Und fährt dazwischen: »Euer Rekrut
Macht alles richtig, macht alles gut.
Ihr versteht nicht den Dienst ...«
Der Alte grient:
»*Ich habe dem König von Preußen gedient.*«

4. Erstes Bataillon Garde (1780)

Erstes Bataillon Garde. Parad' oder Schlacht
Ihm wenig »Differenzen« macht.
Ob in Potsdam sie trommelnd auf Wache ziehn,
Ob sie stehen und fallen bei Kolin,
Ob Patronenverknattern, ob Kugelpfiff,
Immer derselbe feste Griff,
Dieselbe Ruh'. Jede Miene drückt aus:
»Ich gehör' zur Familie, bin mit vom Haus.«

Ihrer viere sitzen im Knapphans-Zelt.
Eine Kottbuser hat sich jeder bestellt,
Einen Kornus dazu; das Bier ist frisch.
Ein Berliner setzt sich mit an den Tisch,
Ein Berliner Budiker – da währt's nicht lange,
Plappermühl' ist im besten Gange.
»Wahrhaftig, ihr habt die schönste Montur,
Litzen, Paspel, Silberschnur,
Blechmützen wie Gold, gut Traktement,
Und der König jeden von euch kennt.
Erstes Bataillon Garde, Prachtkerle vor all'n,
Solch Götterleben sollt' mir gefall'n.«

Drei schwiegen. Endlich der vierte spricht:
»Ne, Freund Berliner! *so* is es nicht.
Eine propre Montur, was soll uns *die* geben?
Unser Götter- is bloß ein Jammerleben.
Potsdam, o du verfluchtes Loch,
Führst du doch heut' in die Hölle noch
Und nähmst *Ihn* mit mitsamt seinen Hunden,

Da wär' auch *Der* gleich mit abgefunden,
Ich mein' den da oben, - uns läg' nichts dran,
Is doch bloß ein Quälgeist und Tyrann,
Schont nicht Fremde, nicht Landeskinder,
Immer derselbe Menschenschinder,
Immer dieselbe verfluchte Ravage -
Potsdam, o du große Blamage!«

Das war dem Berliner nach seinem Sinn,
Er lächelte pfiffig vor sich hin:
»Ich sag' das schon lange. Was hat er denn groß?
Große Fenstern hat er, sonst is nich viel los.
Und reden kann er. Na, das kann jeder,
Hier aber, er zieht nicht gerne von Leder.«

Da lachten all' vier, und der eine spricht:
»Ne, Freund Budiker, *so* geht es nicht.
Zuhören kannst du, wenn wir mal fluchen,
Aber du darfst es nicht selber versuchen,
Wir dürfen frech sein und schimpfen und schwören,
Weil wir selber mit zugehören,
Wir dürfen reden von Menschenschinder,
Dafür sind wir seine Kinder;
Potsdam, o du verfluchtes Loch,
Aber *Er*, er ist unser König *doch*,
Unser großer König. Gott soll mich verderben,
Wollt' ich nicht gleich für Fritzen sterben.«

Prinz Louis Ferdinand

Sechs Fuß hoch aufgeschossen,
Ein Kriegsgott anzuschaun,
Der Liebling der Genossen,
Der Abgott schöner Fraun,
Blauäugig, blond, verwegen
Und in der jungen Hand
Den alten Preußendegen –
Prinz Louis Ferdinand.

Die Generalitäten
Kopfschütteln früh und spät,
Sie räuspern sich und treten
Vor Seine Majestät,
Sie sprechen: »Nicht zu dulden
Ist dieser Lebenslauf,
Die Mädchen und die Schulden
Zehren den Prinzen auf.«

Der König drauf mit Lachen:
»Dank' schön, ich wußt' es schon;
Es gilt ihn kirr zu machen,
Drum: Festungsgarnison;
Er muß in die Provinzen
Und nicht länger hier verziehn,
Nach Magdeburg mit dem Prinzen –
Und *nie* Urlaub nach Berlin.«

Der Prinz vernimmt die Märe,
Saß eben bei seinem Schatz:
»Nach Magdeburg, auf Ehre,
Das ist ein schlimmer Platz!«
Er meldet sich am Orte,
Und es spricht der General:
»Täglich elf Uhr zum Rapporte
Ein für allemal!«

O Prinz, das will nicht munden,
Doch denkt er: ›Sei gescheit,
Volle vierundzwanzig Stunden
Sind eine hübsche Zeit.
Relais, viermal verschnaufen,
Auf dem Sattel Nachtquartier,
Und kann's *ein* Pferd nicht laufen,
So laufen's ihrer vier.‹

Hin fliegt er wie die Schwalben,
Fünf Meilen ist Station,
Vom Braunen auf den Falben,
Das ist die Havel schon,
Vom Rappen auf den Schimmel,
Nun faßt die Sehnsucht ihn,
Drei Meilen noch – hilf Himmel,
Prinz Louis in Berlin.

Gegeben und genommen
Wird einer Stunde Glück,
Dann, flugs wie er gekommen,
Im Fluge geht's zurück,
Elf Uhr am andern Tage
Hält er am alten Ort,
Und mit dem Glockenschlage
Da steht er zum Rapport. –

Das war nur bloßes Reiten,
Doch wer so reiten kann,
Der ist in rechten Zeiten
Auch wohl der rechte Mann;
Schon über Tal und Hügel
Stürmt ostwärts der Koloß –
Prinz Louis sitzt am Flügel
Im Rudolstädter Schloß.

Es blitzt der Saal von Kerzen,
Zwölf Lichter um ihn stehn,

Nacht ist's in seinem Herzen,
Und Nacht nur kann er sehn,
Die Töne schwellen, rauschen,
Es klingt wie Lieb' und Haß,
Die Damen stehn und lauschen,
Und was er spielt, ist *das*:

›Zu spät zu Kampf und Beten,
Der Feinde Rosses-Huf
Wird über Nacht zertreten,
Was ein Jahrhundert schuf,
Ich seh' es fallen, enden,
Und wie alles zusammenbricht –
Ich kann den Tag nicht wenden,
Aber *leben* will ich ihn nicht!‹

Und als das Wort verklungen,
Rollt Donner schon der Schlacht,
Er hat sich aufgeschwungen,
Und sein Herze noch einmal lacht,
Vorauf den andern allen
Er stolz zusammenbrach,
Prinz Louis war gefallen,
Und Preußen fiel – ihm nach.

Berliner Spottvers

(1812)

Warte
Bonaparte,
Warte Kujon,
Andre Woche, wir kriegen dich schon.

Ja der Russe, ja der Russ'
Hat uns gezeigt, wie man's machen muß:
Im ganzen Kremmel
Nicht eine Semmel,
Und auf den Hacken
Immer nur Hunger und Kosaken,
Ja der Russ'
Hat uns gezeigt, wie man's machen muß.

Hin ist der Blitz
Deiner Sonne von Austerlitz,
Unterm Schnee
Liegen all deine Corps d'Armee.
Warte
Bonaparte,
Warte Kujon,
Andre Woche, wir kriegen dich schon.

Die Fahne Schwerins

Im Arsenal, dem alten,
Zu Petersburg am Dock,
Zersplittert und zerspalten
Steht ein alter Fahnenstock;
Er steht in seiner Ecken
An die hundert Jahre nun,
Mit den andern Fahnenstöcken
Hat er nichts zu tun.

Der Fahnen jüngste schmunzelt:
»He, Kamerad im Eck,
Warum so viel gerunzelt?
Das bringt uns nicht vom Fleck;
Nicht ewig stumm und einsam
Und nicht so steif-apart,
Gesellig hübsch, gemeinsam,
Und etwas Lebensart.«

Der drauf: »An Schaftes Runde
Sieh hier den Silberring,
Er deckt die breite Wunde,
Die ich bei Prag empfing,
Zersplittert hat, zerspalten
Die Kugel mich von Erz,
Schwerin, der mich gehalten,
Dem ging sie durch das Herz.

Wen solch ein Held getragen
In solcher *Preußen*stund',
Dem will es nicht behagen
Auf fremdem, russischem Grund,
Der will unter Trommelchören
In *Berlin* im Zeughaus stehn
Und den ›Dessauer‹ wieder hören,
Und von Hohenfriedberg den.«

Im Arsenal, dem alten,
Zu Petersburg am Dock,
Zersplittert und zerspalten,
Sprach so der Fahnenstock.
Die andern nickten leise,
Der Zugwind wehte sacht,
Immer stiller ward's im Kreise; –
Ein Stern schien durch die Nacht.[2]

[2] Die Fahne befindet sich jetzt wieder im Zeughause zu Berlin.

An den Märzminister Graf Schwerin-Putzar

Dein Ahnherr - mit dem Schwerte,
Du selber - mit dem Wort!
So lebt das Ruhmeswerte
Bis auf den Enkel fort.
Was einst in letzter Stunde
Der greise Feldmarschall sprach,
Aufs neu aus deinem Munde
Erklang es uns: »*Mir nach!*«

Du stehst, in Lieb' und Treue,
Zu Thron und Herrscherhaus,
Und baust doch, für das Neue,
Die alten Pfeiler aus.
Nicht trägst du der Verneinung
Im Kampfe die Fahne vor,
Doch für die freie *Meinung*
Schwingst du sie hoch empor.

Du bist von jenen *Alten*
Im Geiste noch gezeugt,
Die keinem Stirnefalten
Jemalen sich gebeugt.
Du sprichst noch, wie der *Zieten*
Sonst wohl bei Hofe sprach,
Was dem die Schranzen rieten,
Er fragte nichts danach.
Der *Zieten*, ja, beim Fürsten
Zu Tafel saß er gern,
Einst aber andres Dürsten
Trieb ihn zum Tisch des Herrn;
Erst als er da genossen
Von Christi heil'gem Mahl,
Ernst noch und abgeschlossen
Trat er in Schloß und Saal.

Der König sieht den Degen
Und wie so fromm er schaut;
Da ruft er ihm entgegen:
»He, *Zieten*, schon verdaut?!«
Der hört es; unter Blitzen
Blickt er den König an,
Daß selbst das Aug' des *Fritzen*
Nicht Stich ihm halten kann.

Dann laut: »Für Euch in Nächten
Geblutet hab' ich gern,
Nun will ich auch mal fechten
Für Christum, meinen Herrn!«
Wohl stutzet da und staunet
Das höfische Geschlecht,
Der König aber raunet:
»Still, *Zieten*, Er hat recht!«

So war's und - ist's geblieben
Durch ein Jahrhundert fort:
Die Hohenzollern lieben
Ein freies Manneswort.
Auch *du*, für heil'ge Rechte
Ficht weiter, sonder Scheu:
Treulos sind alle Knechte,
Der Freie nur ist treu!

Schleswigs Ostertag 1848

Ich denke deiner, Ostertag:
Ein Nebel über Schleswig lag,
Über Schleswig-Stadt, über Schleswig-Land -
Der Däne hielt uns wieder in Hand,
Er hielt Schloß Gottorp, er hielt die Schlei,
Unser kurzer Traum war wieder vorbei;
Ein Nebel über Schleswig lag,
Achtundvierzig, am Ostertag.

Und über die Stadt und über den Strom
Die Glocken riefen in den Dom,
Und ehe das erste Lied erscholl,
Von Betern war die Kirche voll,
Betende Männer, betende Fraun,
In schwarzem Festkleid alle zu schaun,
Dazwischen aber (bittre Not)
Leuchtende Punkte von Dänisch-Rot.

Und bis an die Kanzel traten wir hin,
Zwischen Hoffen und Bangen ging unser Sinn,
Von Auferstehung der Geistliche sprach,
Wir hingen seinen Worten nach,
Seinem Wort von dem abgewälzten Stein,
Wir mischten viel Weltliches mit ein,
Wenn's Sünde war, es war nicht gewollt -
Horch, es donnert! Wie dumpf es rollt.

Ein Ostergewitter? Es kann nicht sein,
Durch die hohen Fenster fällt Sonnenschein,
Er fällt, wie suchend, gedämpft und mild
Auf das eichengeschnitzte Altarbild,
Auf die zwanzigfeldrige breite Wand
Von Meister Brüggemanns eigener Hand,
Der Felder eines schwimmt wie in Gold -
Horch, zum zweiten, es donnert, es rollt.

Es rollt wie näher, die Fenster klirrn,
Aller Blicke hinüber, herüber irrn,
Es fragen die Augen bei Freund und Feind,
Ein Flüstern geht leise: »Was ist gemeint?«
Und ehe noch flüsternd die Antwort geht,
Vom Eingang her ein Zugwind weht,
Weit offen die Tür; was gibt's, was ist?
In das Mittelschiff tritt ein dän'scher Hornist,
Und in die Kirche hinein, vom Portal,
Bläst er Genralmarsch, Signal auf Signal.

Ein Rasseln, ein Lärmen. Still wieder das Haus,
Die roten Punkte loschen aus,
Was deutsch in Schleswig wollte sein,
War wieder in Schleswigs Dom *allein*.
Und wie Hilfe suchend und Trost und Ruh,
Den Stufen des Altars drängten wir zu,
Dicht zu; der Geistliche aber spricht:
»Herr, Du bist unsre Zuversicht!
Da ist kein Jäger, der uns schreckt,
Solange uns Dein Fittich deckt,
Ob tausend fallen an unsrer Seit',
Du bist unser Schirm in jedem Streit,
Du stellst Deinen Engel an unsre Tür,
Uns zu behüten für und für,
Wir rufen Deinen Namen an,
Hilf uns, wie Du so oft getan,
Zersplittre unsrer Feinde Spott,
Du bist unsre Burg, Du bist unser Gott,
Blende die Wächter, wälz' ab den Stein« -
Er schwieg. Wie Trommeln klang es herein,
Lustiger preußischer Trommelschlag,
Heller Mittag über Schleswig lag,
Heller Mittag über Schloß und Schlei, -
Ostern war, und das Land war frei.

Der Tag von Düppel

Still!
Vom achtzehnten April
Ein Lied ich singen will.
Vom achtzehnten – alle Wetter ja,
Das gab mal wieder ein Gloria!
Ein »achtzehnter« war es, voll und ganz,
Wie bei Fehrbellin und Belle-Alliance,
April oder Juni ist all einerlei,
Ein Sieg fällt immer in Monat Mai.

Um vier Uhr morgens der Donner begann!
In den Gräben standen sechstausend Mann,
Und über sie hin sechs Stunden lang
Nahmen die Kugeln ihren Gang.
Da war es zehn Uhr. Nun alles still,
Durch die Reihen ging es: »Wie Gott will!«
Und vorgebeugt zu Sturm und Stoß
Brach das preußische Wetter los.

Sechs Kolonnen. Ist das ein Tritt!
Der *Sturmmarsch* flügelt ihren Schritt;
Der Sturmmarsch, – ja tief in den Trancheen
Dreihundert Spielleut' im Schlamme stehn.
Eine Kugel schlägt ein, der Schlamm spritzt um,
Alle dreihundert werden stumm –
»Vorwärts!« donnert der Dirigent,
Kapellmeister Piefke vom Leibregiment.

Und »vorwärts« spielt die Musika,
Und »vorwärts« klingt der Preußen Hurra;
Sie fliegen über die Ebene hin,
Wer sich besänne, hätt's nicht Gewinn;
Sie springen, sie klettern, ihr Schritt wird Lauf –
Feldwebel Probst, er ist hinauf!

Er steht, der erst' auf dem Schanzenrück,
Eine Kugel bricht ihm den Arm in Stück:
Er nimmt die Fahn' in die linke Hand
Und stößt sie fest in Kies und Sand.
Da trifft's ihn zum zweiten; er wankt, er fällt:
»Leb wohl, o Braut! leb wohl, o Welt!«

Rache! - Sie haben sich festgesetzt,
Der Däne wehrt sich bis zuletzt.
Das macht, hier ficht ein junger Leu,
Herr Leutnant *Anker* von Schanze zwei.
Da donnert's: »Ergib dich, tapfres Blut,
Ich heiße Schneider, und damit gut!« -
Der preußische Schneider, meiner Treu,
Brach den dänischen Anker entzwei.

Und weiter, - die Schanze hinein, hinaus
Weht der Sturm mit Saus und Braus,
Die Stürmer von andern Schanzen her
Schließen sich an, immer mehr, immer mehr,
Sie fallen tot, sie fallen wund, -
Ein Häuflein steht am Alsen-Sund.

Palisaden starren die Stürmenden an,
Sie stutzen; wer ist der rechte Mann?
Da springt von achten einer vor:
»Ich heiße *Klinke*, ich öffne das Tor!« -
Und er reißt von der Schulter den Pulversack,
Schwamm drauf, als wär's eine Pfeif' Tabak.
Ein Blitz, ein Krach - der Weg ist frei -
Gott seiner Seele gnädig sei!
Solchen *Klinken* für und für
Öffnet Gott selber die Himmelstür.

Sieg donnert's. Weinend die Sieger stehn.
Da steigt es herauf aus dem Schlamm der Trancheen,
Dreihundert sind es, dreihundert Mann,
Wer anders als Piefke führet sie an?

Sie spielen und blasen, das ist eine Lust,
Mit jubeln die nächsten aus voller Brust,
Und das ganze Heer, es stimmt mit ein,
Und darüber Lerchen und Sonnenschein.

Von Schanze eins bis Schanze sechs
Ist alles deine, Wilhelmus Rex;
Von Schanze eins bis Schanze zehn,
König Wilhelm, deine Banner wehn.
Grüß euch, ihr Schanzen am Alsener Sund,
Ihr machtet das Herz uns wieder gesund! –
Und durch die Lande, drauß und daheim,
Fliegt wieder hin ein süßer Reim:
»Die Preußen sind die alten noch,
Du Tag von *Düppel* lebe hoch!«

Märkische Reime

1. Gruß

Blaue Havel, Grunewald,
Grüß' mir alle beide,
Grüß' und sag', ich käme bald,
Und die Tegler Heide.

2. Vom Fehrbelliner Schlachtfeld

Blumen, o Freundin, dir mitzubringen
Von diesem Feld, es wollt' nicht gelingen.

Hafer nur, soweit ich sah,
Hafer, Hafer nur war da.

Märkische Rosse gewannen die Schlacht,
Haben das Feld berühmt gemacht.

Und das Feld, es zahlt mit Glück
Alte Schulden in Hafer zurück.

3. Adlig Begräbnis

Ein Zugwind ging durch die Stuben,
Auf standen Hall' und Tor,
Als die Mittelmärk'schen begruben
Ihren alten Otto von Rohr.

Sechs Rohrsche Vettern ihn tragen,
Sechs andre nebenher,
Dann folgen drei von der Hagen
Und drei von Häseler.

Ein Ribbeck, ein Stechow, ein Zieten,
Ein Rathenow, ein Quast,
Vorüber an Scheunen und Mieten
Auf den Schultern schwankt die Last.

Um den Kirchhof her ein Blitzen
Von Herbstessonnenschein,
Die roten Berberitzen
Hängen über Mauer und Stein.

Eine dreizehner Landwehrfahne
Der alte von Bredow trug,
Und Hans Rochow von Rekahne
Schloß ab den Trauerzug.

4. Siegesbotschaft

(Am Abend des 18. April 1864)

Tanz
Ist heut' im Kruge zu Vehlefanz.
Oben, auf rotgestrichner Empore,
Sitzt die Musik in vollem Chore:
Klarinette, Geigen, Contrebaß,
Und vor jedem ein Pult und ein Weißbierglas.
Und unten drehn sich, in Schott'schem und Walzer,
Die Paare, dazwischen ein Juchzer, ein Schnalzer,
Und Zug und Hitze und blakende Lichter,
Am Fenster neugierige Kindergesichter,
Ein Rempeln und Rennen, ein Stoßen und Stemmen,
Und mit eins: »Da kommt ja der Neumann aus Cremmen.
Der Laatsche-Neumann. Was will denn der?
Laatsche-Neumann, hierher, hierher,
Er bringt was, stillgestanden, stramm,
Ich wett', er bringt ein Telegramm.«
Und Neumann, plötzlich steht er oben,
Sie haben ihn auf den Tisch gehoben.

»Lesen ...«
»Muß erst zu Puste kommen ...«
»Lesen ...«
»*Düppel ist genommen;*

Wir Schanze fünf, Garde Schanze sieben,
Feldwebel Probst beim Sturme geblieben.
Verluste wenig. Danske viel ...«

Alles sich in die Arme fiel,
Und zu wissen, wie's eigentlich gewesen,
Muß Neumann es immer wieder lesen.

Dem aber will es nicht mehr zu Sinn.
»Vehlefanzer, wo denkt ihr hin,
Habe noch andre gute Bekannte ...«

»Welche denn, welche?«
»Muß noch nach Schwante.«

»Schwante, die lumpigen tausend Schritt,
Hurra, Neumann, da kommen wir mit.«

Und hinein in die laue Frühlingsnacht
Ganz Vehlefanz hat sich aufgemacht.
Neumann laatscht nach.

Schwante lag schon in Schlaf,
Als aber die Siegesbotschaft es traf,
Ward's wach.

Der Mond am Himmel stand,
Und in Jubel stand das Havelland.

Am Jahrestag von Düppel

(18. April 1865)

Des Frühlings erste Spitzen
Umsäumen Baum und Strauch,
Im Blau die Wolken blitzen,
Die Ströme blitzen auch;
Ein Keimen allenthalben,
In jedem Mauerriß,
Und kommen nicht heute die Schwalben,
So kommen sie morgen gewiß.

Und Frühling kam und Friede
Auch über den Schleswig-Strand,
Wo donnernd die Feuerschmiede
Am Düppeltage stand;
Und wo bei Blitz und Wolke
Erzitterte der Grund,
Ziehn Möwen in flatterndem Volke
Hin über den Alsen-Sund.

Ein Friede über den Wellen
Und Friede in Feld und Flur;
Unter all den stillen Stellen
Ist eine stillere nur:
Bei Sturmmarsch-Trommeln und -Blasen
Mußten sie schlafen ein,
Nun grünt der erste Rasen
Über ihren Stein.

Ruht sanft; in eurem Grabe
Sei euch die Erde leicht!
Des Lebens beste Habe
Hat euch der Tod gereicht:
Um Sieg und Himmel werben,
So war es euch beschert;

Ihr mußtet frühe sterben,
Doch war es Sterbens wert.

Berliner Landwehr bei Langensalza

(27. Juni 1866)

Berliner Landwehr, Gewehr in Hand,
Steht bei Langensalza im Sonnenbrand,
Ein Staub, eine Hitze, es perlt der Schweiß,
Berliner Landwehr, wird dir's zu heiß?
»Is nich!«

Die Hannoveraner sprengen heran,
Zweitausend gegen achthundert Mann,
Zweitausend Reiter sprengen her:
Ergib dich, Landwehr, streck das Gewehr!
»Is nich!«

Zweitausend Reiter haben gesiegt,
Was hilft's, Hannover unterliegt.
»Trink mit, Kamerad, aus meinem Glas!«
»Wir dachten, ihr trügt uns einen Haß!«
»Is nich!«

Die Gardemusik bei Chlum

(3. Juli 1866)

»Was fechten kann, rückt vor auf Chlum,
Unsre Garde dürstet nach neuem Ruhm,
Sie zieht *voran* und stürmt und ficht -
Wir schleichen *nach*, 's gefällt mir nicht,
Musik ist nie so recht dabei,
Wenig Wolle und viel Geschrei.«

Kapellmeister spricht's. Da blitzt es drunt'
Aus staubiger Wolke, golden und bunt.
»Ung'rische Husaren, wenn recht ich seh';
Ihr Chok gilt *uns*. Kameraden: Karree!«

Karree. Da springen, ohn' Unterschied,
All die großen Bläser ins erste Glied,
Janitschar und Pauke schließen sich an,
Obo, Klarinette, Mann für Mann,
Fagott und Tuba - mehr, immer mehr,
Und nun Kommando: »Fällt das Gewehr!«
Und die Baßposaune, voll kriegrischem Zorn,
Streckt ihre Züge weithin nach vorn.

Zu rechter Zeit. Denn schon sind sie da.
»Ergib dich, preußische Musika!«
Kapellmeister aber winkt ab und spricht:
»Die Gardemusik ergibt sich nicht.«
Und keiner wankt und keiner weicht,
Posaun' und Tuba, die zwingt man nicht leicht,
Auch die Pauke hält sich wie ein Turm,
Und siehe, vorüber braust der Sturm.

Da hebt sich unsres Kapellmeisters Brust:
»Wer ist gefalln? Wie steht der Verlust?«
»Gefallen keiner; leicht zerhaun
Sind Pauke, Tuba und Posaun',

Gestreift, geschrammt bloß, sonst intakt,
Und nur das Fagott ist wie zerhackt!«

»Drei leicht, einer schwer, der Rest gesund –
Das laßt uns preisen zu dieser Stund',
Und fehlt uns auch unser brav Fagott,
Wir blasen *doch*: ›Danket alle Gott‹
Und blasen es durch und blasen es ganz,
Und zum Schlusse: ›Heil dir im Siegerkranz.‹«

Einzug

(7. Dezember 1864)

Wer kommt? wer? -
Fünf Regimenter von Düppel her.
Fünf Regimenter vom dritten Korps
Rücken durchs Brandenburger Tor;
Prinz Friedrich Karl, Wrangel, Manstein,
General Roeder, General Canstein,
Fünf Regimenter, vom Sundewitt
Rücken sie an in Schritt und Tritt.

Wer kommt? wer? -
Zuerst die *Achter*. A la bonne heure!
Die Achter; Hut ab, Sapperment,
Vor dem Yorkschen Leibregiment;
Schanze neun und Schanze drei
Waren keine Spielerei.
Hut ab und Hurra ohne End',
Allemal hoch das Leibregiment!

Wer kommt? wer? -
Hurra, die Vierundzwanziger.
Guten Tag, guten Tag und gehorsamster Diener!
Ei, das sind ja meine Ruppiner;
Flinke Kerle, ohne Flattusen,
Grüß' Gott dich, Görschen und Brockhusen!
Möchte manchen von euch umhalsen,
Düppel war gut, besser war Alsen -
's war keine Kunst, euch half ja die Fee,
Die Wasserfee vom Ruppiner See.

Wer kommt? wer? -
Hurra, die Vierundsechziger.
Hurra, die sind wieder breiter und stärker,
Das macht, es sind richtige Uckermärker,
Die sind schon mehr für Kolbe und Knüppel,

Conferatur Wester- und Oster-Düppel,
Verstehen sich übrigens auch auf Gewehre,
Siehe Fohlenkoppel und Arnkiel-Öre –
Fünfzig dänische Feuerschlünde
Können nichts gegen Prenzlau und Angermünde.

Wer kommt? wer? –
Füsiliere, Funfunddreißiger.
Hurra, das wirbelt und schreitet geschwinder,
Hurra, das sind *Berliner* Kinder!
Jeder, als ob er ein Gärtner wäre,
Trägt drei Sträußer auf seinem Gewehre.
Gärtner freilich, gegraben, geschanzt,
Dann sich selber eingepflanzt,
Eingepflanzt auf Schanze zwei –
Die flinken Berliner sind vorbei.

Wer kommt? wer? –
Hurra, unsre Sechziger.
Oberst *von Hartmann*, fest im Sitze,
Grüßt mit seiner Säbelspitze.
Hut ab und heraus die Tücher!
Das sind unsere Oderbrücher.
Keine Knattrer und bloße Verschluser,
Lauter Barnimer und Lebuser;
Fest ihr Tritt, frank und frei –
Major *von Jena* ist nicht mehr dabei.

Wer kommt? wer? –
Artillerie und Ingenieur';
Elfte Ulanen, Zieten-Husaren,
Paukenwirbel und Fanfaren.
Halt! – Der ganze Waffenblitz
Präsentiert vor König *Fritz*.
Alles still, kein Pferdegeschnauf,
Zehntausend blicken zu ihm auf;
Der neigt sich leise und lüpft den Hut:
»Konzediere, es war gut.«

Einzug

(20. September 1866)

Viktoria hat heute Dienst am Tor:
›*Landwehr*, zeig deine Karte vor,
Paßkart' oder Steuerschein,
Eins von beiden muß es sein.«

»Alles in Ordnung. Jedenfalls
Zahlten wir Steuer bei Langensalz,
Wir zahlten die Steuer mit Blut und Schweiß« –

»Landwehr passier', ich weiß, ich weiß.«

Viktoria hat heute Dienst am Tor:
»*Linie*, zeig deine Karte vor,
Paßkart' oder Steuerschein;
Ein *Paß*, das wird das beste sein.«

»Wir haben Pässe die Hände voll,
Zuerst den Brückenpaß bei Podòll,
Dann Felsenpässe aus West und Ost:
Nachod, Skalitz und Podkòst,
Und wenn die Felsenpässe nicht ziehn,
So nimm noch den Doppelpaß von Gitschin,
Sind allesamt geschrieben mit Blut« –

»Linie passier', is gut, is gut.«

Viktoria hat heute Dienst am Tor:
›*Garde*, zeig deine Karte vor,
Preußische Garde, willkommen am Ort,
Aber erst das Losungswort.«

»Wir bringen gute Losung heim
Und als Parole 'nen neuen Reim,
Einen neuen preußischen Reim auf *Ruhm*.«

»Nenn' ihn, Garde!«
»Die Höhe von *Chlum*.«

»Ein guter Reim, ich salutier',
Preußische Garde passier', passier'.«

Glocken läuten, Fahnen wehn,
Die Sieger drinnen am Tore stehn,
Eine Siegesgasse ist aufgemacht:
Östreich'sche Kanonen *zweihundertundacht*,
Und durch die Gasse die Sieger ziehn. –
Das war der Einzug in Berlin.

Einzug

(16. Juni 1871)

Und siehe da, zum dritten Mal
Ziehen sie ein durch das große Portal;
Der Kaiser vorauf, die Sonne scheint,
Alles lacht und alles weint,

Erst die Garde. Brigaden vier,
Garde und Garde-Grenadier':
Elisabether, Alexandriner,
Franziskaner, Augustiner,
Sie nahmen, noch nicht zufrieden mit Chlum,
Bei Privat ein Privatissimum. -
Mit ihnen kommen, geschlossen, gekoppelt,
Die Säbel in Händen, den *Ruhm* gedoppelt,
Die hellblauen Reiter von Mars la Tour,
Aber an Zahl die Hälfte nur.

Garde vorüber. - Garde tritt an:
Regiment des Kaisers, Mann an Mann,
»Kein Schuß; Gewehr zur Attacke rechts.«
Die *Siebner*, die Phalanx jedes Gefechts,
Die *Sieben* ist eine besondere Zahl,
Dem einen zur Lust, dem andern zur Qual;
Was von den Turkos noch übrig geblieben,
Spricht wohl von einer bösen Sieben.

Blumen fliegen aus jedem Haus,
Der Himmel strömt lachende Lichter aus,
Und der Lichtball selber lächelt in Wonne:
»Es gibt doch noch Neues unter der Sonne.«

Gewiß. Eben jetzt einschwenkt in das Tor,
Keine Linie zurück, keine Linie vor,
En bataillon, frisch wie der Lenz,
Die ganze Armee in Double-Essenz.

Ein Korps bedeutet jeder Zug,
Das ist kein Schreiten, das ist wie Flug,
Das macht, weil ihnen ungesehn
Dreihundert Fahnen zu Häupten wehn.

Bunt gewürfelt Preußen, Hessen,
Bayern und Baden nicht zu vergessen,
Sachsen, Schwaben, Jäger, Schützen,
Pickelhauben und Helme und Mützen,
Das Eiserne Kreuz ihre einzige Zier;
Alles zerschossen; ihr ganzes Prahlen
Nur ein Wettstreit in den Zahlen,
In den Zahlen derer, die *nicht* hier.

Zum dritten Mal
Ziehen sie ein durch das große Portal;
Die Linden hinauf erdröhnt ihr Schritt,
Preußen-Deutschland fühlt ihn mit.

Hunderttausende auf den Zehenspitzen!
Vorüber, wo Einarm und Stelzfuß sitzen,
Jedem Stelzfuß bis in sein Bein von Holz
Fährt der alte Schlachtenstolz.
Halt,
Vor des Großen Königs ernster Gestalt.

Bei dem Fritzen-Denkmal stehen sie wieder,
Sie blicken hinauf, der Alte blickt nieder;
Er neigt sich leise über den Bug:
»Bon soir, Messieurs, *nun ist es genug.*«

Kaiser Blanchebart

(Am 16. Juni 1871)

Vor seinem Heergefolge ritt,
Von seinem Volk umschart,
Inmitten von Helden und Prinzen,
An der Spitze seiner Provinzen,
Der Kaiser Blanchebart.

Er grüßt und sitzt auf hohem Roß
Und sinnet das und dies:
Er hält am Sadowa-Walde,
Auf der Gravelotter Halde
Und vor Sedan und Paris.

Er lächelt still; ihm ward zu Traum
Die lange Kriegesfahrt,
Es schaukeln und schwanken die Reiser,
Und rings jubelt's: Es lebe der Kaiser,
Der Kaiser Blanchebart!

Und an der Straß' und an dem Tor,
Da halten Frau und Mann,
Und sie heben empor ihren Knaben,
Den einzigen, den sie haben,
Und sprechen: »Sieh ihn dir an!

Sieh ihn dir an und vergiß ihn nicht.
Der ist von sondrer Art,
Im Dienst allzeit das Schwerste,
Und in Feld und Pflicht der Erste,
Das ist Kaiser Blanchebart.«

Der Kaiser sah den Knaben an,
Den überlief es heiß,
Alle Herzen sprachen Segen,

Und hernieder fiel ein Regen
Von Blüten rot und weiß.

Gott mit dir, Herr, und kommt der Tag,
Der noch keinem wurde gespart,
Dann wie aus *Märchen*tagen
Werden wir singen und sagen
Vom Kaiser Blanchebart.

Havelland

(Statt eines Vorwortes zum 3. Band »Wanderungen« 1873)

Grüß Gott dich, Heimat! ... Nach langem Säumen
In deinem Schatten wieder zu träumen,
Erfüllt in dieser Maienlust
Eine tiefe Sehnsucht mir die Brust.
Ade nun, Bilder der letzten Jahre,
Ihr Ufer der Somme, der Seine, Loire,
Nach Krieges- und fremder Wässer Lauf,
Nimm, heimische Havel, mich wieder auf.

Es spiegeln sich in deinem Strome
Wahrzeichen, Burgen, Schlösser, Dome:
Der *Julius-Turm*, den Märchen und Sagen
Bis Römerzeiten rückwärts tragen,
Das *Schildhorn*, wo, bezwungen im Streite,
Fürst Jazko dem Christengott sich weihte,
Der *Harlunger-Berg*, des oberste Stelle
Weitschauend trug unsre erste Kapelle,
Das *Plauer Schloß*, wo fröstelnd am Morgen
Hans Quitzow steckte im Röhricht verborgen,
Die *Pfaueninsel*, in deren Dunkel
Rubinglas glühte Johannes Kunkel,
Schloß *Babelsberg* und *»Schlößchen Tegel«*,
Nymphäen, Schwäne, blinkende Segel -
Ob rote Ziegel, ob steinernes Grau,
Du verklärst es, Havel, in deinem Blau.

Und schönest du alles, was alte Zeiten
Und neue an deinem Bande reihten,
Wie schön erst, was fürsorglich längst
Mit liebendem Arme du umfängst.
Jetzt Wasser, drauf Elsenbüsche schwanken,
Lücher, Brücher, Horste, Lanken,
Nun kommt die Sonne, nun kommt der Mai,
Mit der Wasser-Herrschaft ist es vorbei.

Wo Sumpf und Lache jüngst gebrodelt,
Ist alles in Teppich umgemodelt –
Ein Riesenteppich, blumengeziert,
Viele Meilen im Geviert.
Tausendschönchen, gelbe Ranunkel,
Zittergräser, hell und dunkel,
Und mitteninne (wie das lacht!)
Des roten Ampfers leuchtende Pracht.
Ziehbrunnen über die Wiese zerstreut,
Trog um Trog zu trinken beut,
Und zwischen den Trögen und den Halmen,
Unter nährendem Käuen und Zermalmen,
Die stille Herde ... das Glöcklein klingt,
Ein Luftzug das Läuten herüberbringt.

Und an dieses Teppichs blühendem Saum
Die lachenden Dörfer, ich zähle sie kaum:
Linow, Lindow,
Rhinow, Glindow,
Beetz und Gatow,
Dreetz und Flatow,
Bamme, Damme, Kriele, Krielow,
Petzow, Retzow, Ferch am Schwielow,
Zachow, Wachow und Groß-Bähnitz,
Marquardt an der stillen Schlänitz,
Sentzke, Lentzke und Marzahne,
Lietzow, Tietzow und Rekahne,
Und zum Schluß in dem leuchtenden Kranz:
Ketzin, Ketzür und Vehlefanz.

Und an deinen Ufern und an deinen Seen,
Was, stille Havel, sahst all du geschehn?!
Aus der Tiefe herauf die Unken klingen –
Hunderttausend Wenden hier untergingen;
In Lüften ein Lärmen, ein Bellen und Jagen,
»Das ist Waldemar« sie flüstern und sagen;
Im Torfmoor, neben dem Cremmer-Damme,
(Wo Hohenloh' fiel) was will die Flamme?

Ist's bloß ein Irrlicht? ... Nun klärt sich das Wetter,
Sonnenschein, Trompetengeschmetter,
Derfflinger greift an, die Schweden fliehn,
Grüß Gott dich, Tag von *Fehrbellin*.

Grüß Gott dich, Tag, du Preußen-Wiege,
Geburtstag und Ahnherr unsrer Siege,
Und Gruß dir, wo die Wiege stand,
Geliebte Heimat, Havelland!

Jung-Bismarck

(In Begleitung eines Bildes, das ihn in seinem 19. Jahre darstellt)

In Lockenfülle das blonde Haar,
Allzeit im Sattel und neunzehn Jahr,
Im Fluge weltein und nie zurück -
Wer ist der Reiter nach dem Glück?
Jung-Bismarck.

Was ist das Glück? Ist's Gold, ist's Ehr',
Ist's Ruhm, ist's Liebe? Das Glück ist mehr,
Noch liegt es im Dämmer, erkennbar kaum.
Aber er sieht es in seinem Traum,
Jung-Bismarck.

Er sieht es im Traume. Was ist, das er sah?
Am Brunnen sitzt Germania,
Zween Eimer wechseln, der eine fällt,
Der andere steigt; wer ist's, der ihn hält?
Jung-Bismarck.

Und neue Bilder: ein Schloß, ein Saal,
Was nicht blitzt von Golde, das blitzt von Stahl,
Einer dem Barbarossa gleicht -
Wer ist es, der die Krone ihm reicht?
Jung-Bismarck.

Was ist das Glück? Ist's Gold, ist's Ehr',
Ist's Ruhm, ist's Liebe? Das Glück ist mehr:
»Leben und Sterben dem Vaterland« -
Gott segne fürder deine Hand,
Jung-Bismarck.

Wo Bismarck liegen soll

(Geschrieben am 31. Juli 1898)

Nicht in Dom oder Fürstengruft,
Er ruh' in Gottes freier Luft
Draußen auf Berg und Halde,
Noch besser: tief, tief im Walde;
Widukind lädt ihn zu sich ein:
»Ein Sachse war er, drum ist er mein,
Im *Sachsenwald* soll er begraben sein.«

Der Leib zerfällt, der Stein zerfällt,
Aber der Sachsenwald, der hält.
Und kommen nach dreitausend Jahren
Fremde hier des Weges gefahren
Und sehen, geborgen vorm Licht der Sonnen,
Den Waldgrund in Efeu tief eingesponnen
Und staunen der Schönheit und jauchzen froh,
So gebietet einer: »Lärmt nicht so! –
Hier unten liegt Bismarck irgendwo.«

Kaiser Friedrich III.

1. Letzte Fahrt

(6. Juni 1888)

»Ich sähe wohl gern (er sprach es stumm)
Noch einmal die Plätze hier herum,
Am liebsten auf Alt-Geltow zu –
Und ihr kommt mit, die Kinder und du.«

Das Dorf, es lag im Sonnenschein,
In die stille Kirche tritt er ein,
Die Wände weiß, die Fenster blank,
Zu beiden Seiten nur Bank an Bank,
Und auf der letzten – er blickt empor
Auf Orgel und auf Orgelchor,
Und wendet sich und spricht: »Wie gern
Vernähm' ich noch einmal ›*Lobe den Herrn*‹;
Den Lehrer im Feld, ich mag ihn nicht stören,
Vicky, laß du das Lied mich hören.«

Und durch die Kirche klein und kahl,
Als sprächen die Himmel, erbraust der Choral,
Und wie die Töne sein Herz bewegen,
Eine Lichtgestalt tritt ihm entgegen,
Eine Lichtgestalt, an den Händen beiden
Erkennt er die Male: »Dein Los war leiden.
Du lerntest dulden und entsagen,
Drum sollst du die Krone des Lebens tragen.
Du siegtest, nichts soll dich fürder beschweren:
Lobe den mächtigen König der Ehren ...«

Die Hände gefaltet, den Kopf geneigt,
So lauscht er der Stimme.
Die Orgel schweigt.

2. Letzte Begegnung

(14. Juni 1888)

König Oskar, vom Mälar kommt er daher,
Fährt über den Sund, fährt über das Meer,
Nun sieht er die Küste: Deutsches Land,
Heide, Kiefer, märkischen Sand,
Und nun Avenuen und Schloß und Alleen –
Er kommt, um den sterbenden Kaiser zu sehn.

Dem melden sie's. »König Oskar ist da.«
Kaiser Friedrich wie suchend um sich sah,
Ein leuchtendes Bildnis hängt an der Wand,
Sein Bildnis von Angelis Meisterhand,
Orangeband, Orden, Helmbuschzier,
Pasewalker Kürassier,
Er blickt drauf hin, und den Blick sie verstehn:
»*So soll* mich König Oskar sehn.«

Und sie legen ihm Koller und Küraß an,
Aufrecht noch einmal der sterbende Mann,
Aufrecht und hager und todesfahl –
König Oskar tritt in den Marmorsaal,
Sprechen will er, er kann es nicht,
Ein Tränenstrom seinem Aug' entbricht.
Da steht sein Freund in des Jammers Joch,
Gebrochen und doch ein Kaiser noch:
Den Pallasch zur Seite, den Helm in Hand,
Kaiser Friedrich vor König Oskar stand.

»Bild einst von Größe, Schönheit, Glück,
Das ist das letzte, *das* blieb zurück.«
Stumm neigt sich der König, und noch einmal,
Und nun zum dritten und – läßt den Saal.

3. Grabschrift

Du kamst nur, um dein heilig Amt zu schaun,
Du fand'st nicht Zeit, zu bilden und zu baun,

Nicht Zeit, der Zeit den Stempel aufzudrücken,
Du fand'st nur eben Zeit noch, zu beglücken;
Du sahst dein Reich und ließt es deinem Erben,
Du fand'st nur Zeit, um wie ein Held zu sterben.

4. Re Umbertos Kranz

»... Im alten Dom zu Monza ruht die Krone,
Die *eiserne. Die* trug er. Doch zu Monza
Blüht auch des Lorbeers viel in meinen Gärten.
Pflückt von dem Lorbeer, und vom dunkelschönsten
Schlingt einen Kranz – *der* Kranz soll mich begleiten
Bis hin zur Ruhstätt' meines Martyrfreundes,
Bis in die Friedenskirche.
Siegeslorbeer,
Nicht Friedenspalmen will ich niederlegen
Auf seinen Sarg. Wozu noch Friedenspalmen?
Er hat, was er ersehnt – er *hat* den Frieden.«

Herr von Ribbeck auf Ribbeck im Havelland

Herr von Ribbeck auf Ribbeck im Havelland,
Ein Birnbaum in seinem Garten stand,
Und kam die goldene Herbsteszeit
Und die Birnen leuchteten weit und breit,
Da stopfte, wenn's Mittag vom Turme scholl,
Der von Ribbeck sich beide Taschen voll,
Und kam in Pantinen ein Junge daher,
So rief er: »Junge, wiste 'ne Beer?«
Und kam ein Mädel, so rief er: »Lütt Dirn,
Kumm man röwer, ick hebb 'ne Birn.«

So ging es viel Jahre, bis lobesam
Der von Ribbeck auf Ribbeck zu sterben kam.
Er fühlte sein Ende. 's war Herbsteszeit,
Wieder lachten die Birnen weit und breit,
Da sagte von Ribbeck: »Ich scheide nun ab.
Legt mir eine Birne mit ins Grab.«
Und drei Tage drauf, aus dem Doppeldachhaus,
Trugen von Ribbeck sie hinaus,
Alle Bauern und Büdner mit Feiergesicht
Sangen »Jesus meine Zuversicht«,
Und die Kinder klagten, das Herze schwer:
»He is dod nu. Wer giwt uns nu 'ne Beer?«

So klagten die Kinder. Das war nicht recht,
Ach, sie kannten den alten Ribbeck schlecht,
Der *neue* freilich, der knausert und spart,
Hält Park und Birnbaum strenge verwahrt.
Aber der *alte*, vorahnend schon
Und voll Mißtrauen gegen den eigenen Sohn,
Der wußte genau, was damals er tat,
Als um eine Birn' ins Grab er bat,
Und im dritten Jahr, aus dem stillen Haus
Ein Birnbaumsprößling sproßt heraus.

Und die Jahre gehen wohl auf und ab,
Längst wölbt sich ein Birnbaum über dem Grab,
Und in der goldenen Herbsteszeit
Leuchtet's wieder weit und breit.
Und kommt ein Jung' übern Kirchhof her,
So flüstert's im Baume: »Wist 'ne Beer?«
Und kommt ein Mädel, so flüstert's: »Lütt Dirn,
Kumm man röwer, ich gew di 'ne Birn.«

So spendet Segen noch immer die Hand
Des von Ribbeck auf Ribbeck im Havelland.

FSC
www.fsc.org
MIX
Papier | Fördert gute Waldnutzung
FSC® C083411

Zeitfracht Medien GmbH
Ferdinand-Jühlke-Straße 7
99095 Erfurt, Deutschland
produktsicherheit@kolibri360.de